育英科技课程系列丛书

丛 书 主 编　于会祥
丛书副主编　梁秋颖

综合科学 4

鲁婷婷　李　佳　张婷婷　著

本书是“育英科技课程系列丛书”之一，它遵循中学生认知水平和心理特点，依据《义务教育科学课程标准（2022年版）》编写，采用项目式学习理念设计内容。本书由10个项目组成，不仅有为校园增光添彩、自制测量工具、纸上生花等创意实践，还有船舶、细胞玩具工厂、自制水培种菜机的工程挑战，更有健康科普、流言终结者、不可少的酒精等科学照进现实的课例，趣味横生，富有挑战性。

在完成制作类项目时，请你像工程师一样实践，调研需求、明确问题、研究方法、设计方案、制作改进、评价反思。在对自然现象或社会性议题做出判断的时候，请你像科学家一样思考，探究实践，寻找证据，明确研究的问题，建立科学的假设，厘清研究方法、研究步骤，细心地进行研究记录，得出科学合理、逻辑缜密的研究结论。

本书可供五四制或六三制七年级第二学期学生学习“科学”学科的补充课程使用。

图书在版编目（CIP）数据

综合科学. 4 / 鲁婷婷，李佳，张婷婷著. -- 北京：机械工业出版社，2024. 6. --（育英科技课程系列丛书 / 于会祥主编）. -- ISBN 978-7-111-76047-4

Ⅰ. G634.71

中国国家版本馆CIP数据核字第2024A872P6号

机械工业出版社（北京市百万庄大街22号　邮政编码100037）

策划编辑：熊　铭　　　　责任编辑：熊　铭

责任校对：韩佳欣　李　杉　责任印制：张　博

北京联兴盛业印刷股份有限公司印刷

2024年8月第1版第1次印刷

184mm × 260mm · 8.5印张 · 132千字

标准书号：ISBN 978-7-111-76047-4

定价：39.00元

电话服务

客服电话：010-88361066

010-88379833

010-68326294

网络服务

机　工　官　网：www.cmpbook.com

机　工　官　博：weibo.com/cmp1952

金　　书　　网：www.golden-book.com

机工教育服务网：www.cmpedu.com

育英科技课程研究小组

组　长　梁秋颖

副组长　鲁婷婷

成　员（以姓氏拼音排序）

丁曼旎　李豆豆　李　佳　李玮琳　牛冬梅

强　荣　孙宇阳　徐　娟　薛　晖　野雪莲

詹　静　张　花　张婷婷　赵运华

丛书序

科学教育是关乎全局和未来的大事。回望历史，科学打开了人类进步的大门。如果没有科学，人类可能仍然行走在黑暗之中，整日忙于生计却仍难以果腹，更无法摆脱愚昧的枷锁。展望未来，新一轮科技革命和产业变革正在重构全球创新版图、重塑全球经济结构。科技进步不仅改变着我们所处的世界，也深刻影响着国家前途命运和人民生活福祉。中小学阶段是孩子成长的拔节孕穗期，也是树立科学信念、增强科学素养的关键时期，这一阶段对于深化拔尖创新人才早期培养、构建支撑科技自立自强的人才链具有重要意义。

如何做好科学教育，已经成为摆在每一所中小学学校面前的时代课题。2023年5月，教育部等十八部门联合印发了《关于加强新时代中小学科学教育工作的意见》，文件明确指出，推动中小学科学教育学校主阵地与社会大课堂有机衔接，提高学生科学素质，培育具备科学家潜质、愿意献身科学研究事业的青少年群体，培养社会主义建设者和接班人。

北京育英学校从西柏坡一路走来，在赓续红色基因的同时，将科学教育作为为党育人、为国育才的重要抓手，专门成立跨学科教研团队，汇集数学、物理、化学、生物学、劳动、历史、信息科技、科学等学科的优秀师资力量，持续推进科技课程建设，实施启发式、探究式教学，探索项目式、跨学科学习，成功走出了一条科学教育特色办学之路。2023年5月31日，习近平总书记在育英学校考察时指出，科学实验课是培养孩子们科学思维、探索未知兴趣和创新意识的有效方式。总书记希望同学们从小树立“科技创新、强国有我”的志向，当下勇当小科学家，未来争当大科学家，为实现我国高水平科技自立自强作贡献。

我曾经沿着总书记的足迹到育英学校调研，从学生农场到科学教室，从课程教学到校园文化，边走边看，边学边悟，深刻感受到科学教育在这里深深扎根、悄然开花的育人魅力。在育英学校，学生可以在农作物种植中学习科学，

可以在过山车实验中探究科学，甚至在教学楼后面还专门设有一处名为“科技苑”的活动区，学生可以利用课余时间，通过声聚焦、比扭力等30余件科技互动室外实验装置体验科学……

在育英学校调研时，育英学校于会祥书记讲了一个发人深省的育人故事。十多年前，学校有一名学生，他从小就非常喜欢研究昆虫，立志成为中国的法布尔。然而，爱好昆虫的他却受到了个别教师的一些质疑，认为他不以学业为重，不务正业。学校为了更好地保护他的好奇心、探求欲，激励更多学生爱科学、学科学、用科学，专门为他建造了一间开展昆虫研究的实验室，并以他的名字来命名。学校的支持与鼓励极大地激发了他的科学热情，他率先成立了昆虫社团，并最终顺利考入了心仪的大学。如今，育英学校已经拥有100多个学生自主社团，其中42个是科技社团。科学的种子正在一批又一批的育英学子心中生根、发芽、开花、结果。

经过长期探索与实践，育英学校科学教育体系化建设取得了显著成效，科技课程设置、教学创新、资源开发、环境营建等浑然一体，“做中学”“玩中学”蔚然成风。在此基础上，“育英科技课程系列丛书”应运而生。它绝不是一套浅尝辄止的资料汇编，而是一份凝结了师生智慧、历经实践检验的行动指南。它对于中小学学校在“双减”政策背景下如何做好科学教育加法具有重要的借鉴和指导意义。

“育英科技课程系列丛书”内容丰富，第一期共有9个分册，努力做到了课程与配套资源的互补，保证学生在课上和课下的学习都能得到全方位的支持。目前，育英学校将科技课程纳入课表，作为正式课程实施，面向每一位学生开展跨学科教学和实践育人活动，以师生行动助推科学教育不断完善和优化。

其中，《综合科学》有4个分册，重点关注学生怎么学，遵循“知—思—行—达”目标体系，以学生为主体，在内容和方法上培养学生的创新思维和创新能力。考虑到不同层次学生的学习需求，我们根据项目任务的难度和复杂程度对项目进行了分类，并依据解决每一个项目问题所用的思维方法确定主要的表现性任务，进阶地设计了不同级别的课程。在这一过程中，教师不仅是学习的指导者，还是学习过程的评估员。项目注重运用评价量规进行过程性评估和结果检测，以监督学生实实在在地开展综合性学习实践。

《科学研究指南》分册以科学研究的基本流程为内容，为学生进行自主探究提供帮助。整体框架以科学研究流程为基础，涵盖了提出问题、进行猜想与假设、制订计划与方案、收集与整理数据、分析与总结、得出结论、形成成果以及展示成果等环节。学生只需阅读全书并根据提示将思考记录下来，就能在不知不觉中完成一次完整的科学研究。

《综合科学 学生自主探究成果集》分册是在学生完成《综合科学》学习之后，以学生自主探究思考与实践所取得的成果为主要内容的30个作品集锦。

《初中数学建模》分册从初中数学内容出发，给出了15个数学模型案例，这些案例旨在培养学生运用数学语言描述实际问题，运用数学知识和信息技术手段分析和解决实际问题，从而激发学生数学学习和探究科学的内生动力，增强他们的科学创新能力。

《初中数学建模 学生自主探究成果集》分册是在学生完成《初中数学建模》学习之后，以学生自主探究思考与实践所取得的成果为主要内容的47个作品集锦。

《Python基础探究》分册由《Python基础探究 学习指南》和《Python基础探究 实践指南》组成，从学生的思维发展入手，引导学生去主动思考、构建逻辑、创新实践，让学生在自己的主动思考中获得成就。《Python基础探究 学习指南》以问题探究的方式引导学生带着疑问主动学习，在掌握基础知识的同时建立兴趣、厘清思维逻辑。《Python基础探究 实践指南》以项目实践的方式，引领学生带着知识和技术走进生活中的实际情境，探究使用计算机程序设计创造性地解决问题的方法。

“日出江花红胜火，春来江水绿如蓝。”科学教育的春天扑面而来，我们要抓住机遇、乘势而上，从育英学校的科技教育实践中汲取智慧、积蓄力量，因地制宜构建科技课程与资源体系，创新课堂教学方式，深入实施启发式、探究式、项目式学习，广泛开展丰富多彩的学生科技社团与兴趣小组活动，引导学生培养科学精神、增强科技自信自立、厚植家国情怀，编织当科学家的梦想，为中国式现代化提供有力的人才支撑。

中国教育科学研究院

曹培杰

习近平总书记提出，要培养担当民族复兴大任的时代新人。如今，基础教育课程改革进入“素养”时代。所谓“素养”，是指学生应具备能够适应终身发展和社会发展需要的必备品格和关键能力。素养是课程的根本遵循，课程是素养的有效手段。

作为课程改革的主阵地，综合科学课程建设成为我们应对变化的有力武器。如果同学们不断地将注意力集中在同一个学科，不管这个学科是多么有趣，都会把人的思想禁锢在一个狭窄的领域之内。在综合科学课程的学习实践中，同学们可以体验从知识技能到素养的真实收获。

请同学们永葆对科学的好奇，坚持求真、质疑、开放、合作，敢于创造，在自己的生活中，结合兴趣特长，提出个性化的问题。以问题为导向，跨学科、跨学段地进行自主探索，采用观察、测量、实验、论证、推理、分析等研究方法，亲历研究过程，大胆提出并验证自己的假设，基于证据和逻辑获得新知，建立模型，实事求是，追求创新，勇于表达。

本书的项目1、项目2和项目3由李佳老师设计，侧重于发明创造和制作产品；项目4和项目8由张婷婷老师设计，侧重于探究实验；其他项目由鲁婷婷老师设计，侧重于工程实践、探究实践、现实问题解决和健康生活；全书由鲁婷婷老师统稿。

我们虽倾力领会项目式学习、表现性评价等要点，遴选、研磨、打造了10个项目，但必定与跨学科项目式学习的要求还有距离，希望项目设计团队提供的这些样本，能够引发学生和教师更多的思考与探索实践。欢迎大家提出宝贵的建议！让我们一起为做好科学加法而努力！

目录

丛书序

前言

项目 1 为校园增光添彩 1

项目 2 让数字有意义——自制测量工具 16

项目 3 船舶 32

项目 4 细胞玩具工厂 47

项目 5 设计一款水培种菜机 54

项目 6 流言终结者 66

项目 7 健康我科普——谁是“药神” 79

项目 8 不可少的酒精 94

项目 9 纸上生花——几何学与艺术表达 105

项目 10 设计制作科普桌游 119

为校园增光添彩

走进情境，融入角色

图 1-1

我们每天在美丽的校园里来来往往，背着自己的小书包。夏天有朝阳和落日为伴，冬日里往往放学时天都已经黑了，每当这时，学生会成员们就会想着能不能在同学们的回家路上增加一点点有意思的灯光。比如：从教学楼到校门口的这段距离，就特意聘请了灯光设计师进行设计与布置，如图 1-1 所示。

如果你就是一名优秀的灯光设计师，请你和你的团队一起，完成学生会委托给你的任务。请根据实际调查结果，设计出一份合理的、经济实惠的、有意思的灯光设计方案，并完成设计模型，一起为校园增光添彩。

在此项目中，你需要迎接的挑战是：

结合调查建议，挑选某一个区域进行灯光设计，因地制宜，绘制设计图并附具体说明；完成设计模型并进行展示汇报。

表现性任务

1 任务类型

模型设计和制作。

2 涉及学科

科学，信息科技，物理，美术，劳动。

3 任务复杂程度

★★★★

4 科学素养特色培养

在本项目中，在理解和联系社会及背景环境的前提下，完整经历“调研—学习—设计—实施”的创作过程，应用调研、学习过程中收集到的背景模板，发展以背景模板为参照的创造性思维，将创新思维和探究思维等方面进行结合，实现再创造。

学习目标

1 科学概念

通过对本项目的探索与实践，能够知道光在同一种均匀介质中沿直线传播；知道什么是凸透镜，理解凸透镜对光线有会聚作用。

2 思维方法

经历对本项目的探索与实践过程，运用调查法、观察法、控制变量法等实验方法，能够重点掌握实验方法中的调查法。

3 探究能力

通过对本项目的探索与实践，进行综合分析，发展归纳、概括等科学推理能力；通过自评和互评小组产品，发展批判性思维。

4 态度责任

通过对本项目的观察和分析，经历克服困难、解决困难的艰苦过程，最终收获胜利的果实。通过在调研、设计、优化过程中总结注意事项，体验实验原理与实践之间的关系，初步感受到科学无极限。

任务 1 校园夜景有哪些

你看见过校园傍晚的景色吗？你注意过校园傍晚的灯光吗？

活动 1：讨论与思考

有理有据，敢于表达

（1）图1-2中展示的是北京育英学校主楼思明楼的灯光，请猜测一下它的作用是什么？

图 1-2

（2）想一想，在傍晚的校园里，光源有哪些？与同学们一起讨论一下，它们的作用分别是什么？将你们的讨论结果填写在表1-1中。

有理有据，敢于表达

表 1-1

序号	位置	灯光内容	作用	备注
1	思明楼正门上方	北京育英学校	标记，信息	
2				
3				
4				
5				
6				

活动 2：校园夜景大调查

有理有据，敢于表达

（1）以小组为单位，选择校园中的某一区域，调查灯光位置及其作用，并标在地图上的相应位置。

（2）结合实际，你觉得目前学校的灯光设置是否合理或者是否有改进的空间？①如果让你来设计，你将会怎样设计这个区域的灯光布局？②如果让你在现有基础上增加或者减少光源，你有怎样的建议？（说明：①②两项任务选一即可，①较难，②中等难度。）

你可能需要学校的地图，可参考地图APP中的截图进行绘制。

汇报结果呈现方式可参考表1-2，可附图片。

有理有据，敢于表达

表 1-2

校园夜景大调查	
调查人员：	调查位置：
调查情况：	
育英学校游泳馆 育英学校体育馆 育英学校羽毛球馆 A	
建议：	

（3）分组调查结束后需要汇总调查结果，这样我们每个人就能知道整个学校的灯光布置情况和同学们提出的相应建议了！

有理有据，敢于表达

为了得到准确翔实的信息，以便之后选择自己感兴趣的区域进行进一步的设计和规划，在准备汇报之前，我们一起制订一下汇报的规则。

与同学们讨论一下，你觉得汇报的时候应该注意哪些方面呢？完成表1-3和表1-4。

表 1-3

“校园夜景大调查”汇报得分表			
序号	得分标准	满分	特色说明
1	在7分钟内结束汇报	5分	
2			
3			
4			
5			
6			
7			

表 1-4

“校园夜景大调查”小组得分表										
小组序号	组长	1	2	3	4	5	6	7	小计	特色说明
1										
2										
3										
4										
5										
6										
7										

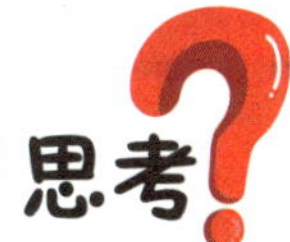

思考

经过与同学们一起调研，相信你已经有了自己的判断。作为一名灯光设计师，哪个区域的灯光最值得你去设计呢？你会应用哪些灯光去设计和布置呢？

任务 2　灯光产品市场调研

你已经了解了需要布置灯光的地点，那么对于灯光本身你又了解多少呢？市场上的灯光产品有哪些？哪些可以应用到校园中？它们的优缺点是什么？将它们布置在校园中时需要注意哪些方面？

活动 1：灯光产品种类摸底

有理有据，敢于表达

（1）市场上的灯光产品有很多种类，请通过查阅资料找到两种你最感兴趣的灯光产品，它们或好看或有趣或极富设计理念或科技感满满，但是，它们都需要适合布置在校园这个大环境中。

有理有据，敢于表达

(2) 在选择灯光产品的过程中，请注意：①安全第一；②可以包含或者改装成包含育英学校特点的灯光展示；③安装或者实施过程可操作性强。

(3) 小组讨论，优化/淘汰一些灯光产品，选择更优秀的产品进行介绍。

(4) 全班集中讨论，将优秀产品记录下来，它们有可能应用到你的设计当中，完成表1-5。

表 1-5

序号	灯光产品种类	适用环境	优缺点	灯光原理	备注
1	光影灯	墙壁	需要顶灯、黑暗环境	光沿直线传播	
2					
3					
4					
5					

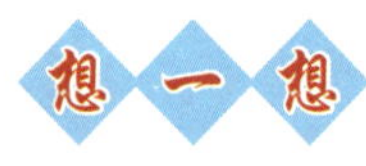

作为灯光设计师，现在你是否对自己的设计有了更具体的想法？

活动 2：了解 LOGO 投影灯

LOGO投影灯能把任何图画以光的方式成像在任何不透光的介质上（如室内

的天花板上、地板上、附近的墙上）。投影的图画具有动态效果，很容易吸引人们的目光，为室内营造独特的氛围。

请调查一下，LOGO投影灯是如何工作的？能否应用到你的设计中？图1-3为LOGO投影灯样例。

图 1-3

思考

LOGO投影灯是将LOGO或者产品品牌进行投影显示从而达到广告宣传效果的一种灯具。LOGO投影灯通过光线折射的原理进行成像，利用高亮度光源，采用LED灯珠将LOGO或者广告图案折射到载体（如墙面或者地板）上形成图像，形成极富视觉冲击力的形象展示和广告效应。

（1）认识真实LOGO投影灯的结构——拆解一个LOGO灯。

结合上述材料，请以小组为单位，拆解一个LOGO灯，并按照发光部件、颜色部件、投影部件三种不同的功能，对LOGO灯里面的元器件进行分类，可以用“画图+文字”的形式进行说明，完成表1-6。

表 1-6

发光部件	颜色部件	投影部件

（2）经小组讨论后，你觉得LOGO灯是如何工作的？请用“画图+文字”的形式将你们的讨论结果展现在下面的空白处。

（3）你觉得一个合格的LOGO灯应该具有怎样的功能？可参照下页的“资料卡片”，至少说出三条，并简述原因，填写在表1-7中。

表 1-7

功能	原因

（4）如果你可以自制一款新型校园LOGO灯，你希望它还具有怎样的功能？如何实现？可以通过“画图+文字”的形式展示，填写在表1-8中。

表 1-8

新功能	
如何实现	

资料卡片

投影灯工作原理

投影灯的成像是利用凸透镜成像原理，当物体到凸透镜的距离在1倍焦距和2倍焦距之间时，成倒立、放大的实像。当凸透镜成倒立放大实像时，物体越靠近凸透镜，所成像越大；越远离凸透镜时，所成像越小，因此，要想让像变大些，应把图案灯片移近成像镜头，但所成的像到镜头的距离也会发生变化，若不相应地改变镜头与银幕间的距离，银幕上的像就是模糊的，遵循凸透镜成像时的规律：物距减小时，像变大，像距变大；应适当增大镜头与银幕间的距离，即应将投影灯远离银幕。我们在使用投影灯时，都需要调节镜头，使成像变得清晰，调节镜头的过程就是在改变图案灯片到成像镜头的距离（即物距）。

投影灯灯片的制作

投影灯灯片的制作流程：先制作材料基片，就是在玻璃上进行金属电镀，电镀上不同的金属材料实现不同的颜色，一个基片只能电镀一种颜色；电镀好的基片再用高精度激光雕刻机在镀层上进行图案内容雕刻，这样灯片就制作好了。也许大家会问，一个基片只有一种颜色，那么如何实现多色图案呢？其实多色图案是由多个单色灯片叠加而成的，所以多色灯片的价格基本上就是单色灯片的整数倍或更高。图案内容灯片的质量优劣主要取决于基材电镀质量和激光雕刻机的精度。高质量的图案内容灯片和一般水平的内容灯片差别主要体现在图案内容细节的展现上。

虽然目前市面上的投影灯的工作原理基本相同，但具体成像效果大相径庭。这种差异主要是由于光学部分造成的，具体体现在发光源的选用上，成像效果较好的一般都是选用体积小、亮度高、发光均匀的LED光源。其次是成像透镜的精度和焦距的选用，高精度透镜都是通过机器慢慢打磨出来的，现在市面上的很多透镜是通过模具浇注出来的，虽然成本低了很多，但精度相差甚远，使用这种透镜很难达到良好的投影效果。

绘制一个LOGO灯静态图样，并说明设计意图，填写在表1-9中。

表 1-9

LOGO灯静态图样	设计意图

任务 3 设计灯光布置

经过这段时间的学习和调研，相信你对自己的工作信心十足，可以积极面对所有挑战了。现在请你选择一个你中意的校园场景，布置属于你的灯光秀吧！

有理有据，敢于表达

(1) 你选择的校园场景非常重要，这是你为自己挑选的画纸。请慎重选择位置，并简述自己选择这个地方的理由。

(2) 你可以选择一些灯光产品来布置你挑选的校园场景，要求这些灯光产品与校园场景是适配的，并且说明选择理由，完成表1-10。

表 1-10

序号	灯光产品种类	优缺点	选择理由	灯光原理	备注
1					
2					
3					
4					
5					

预期成果

确定灯光秀的场景选择和灯光布置示意图之后，可参考图1-4完成你自己的灯光秀，为校园增光添彩。

图 1-4

评价反思与改进优化

在本项目中，同学们调查了灯光产品，制作了合理的、经济实惠的、有意思的灯光设计方案，并完成了灯光秀的设计模型，一起为校园增光添彩。我们不仅学习了物理光学的相关知识，还尝试通过创新创造改善生活和学习环境。在这个过程中，我们的表现既有可圈可点之处，也有有待提高之处。请你对照表1-11对自己学习的情况进行评分，并撰写反思，以便日后改进。

表 1-11

评价内容	评价标准	分值	评分
积极心态	能够在项目中一直保持积极乐观的心态	5分	
	对于自己负责的内容能够按时交付并且认真完成	5分	
	遇到困难时能积极面对，尽自己所能去解决	5分	
	在本项目的学习过程中我感觉很充实	5分	
小组合作	小组决定好的事情我能够坚决执行	5分	
	小组分工明确，合作愉快	5分	
	能够为小组的进步提供支持或者帮助（物质上或者精神上）	5分	
任务完成度	设计并且完成了至少一项展示	5分	
总分			
优化改进			
我在本项目中学到了			
有些地方做得不好，我的遗憾			
如果重来一次，我想			

让数字有意义——自制测量工具

走进情境，融入角色

我们已经学习了很长时间的数学，认识了各种各样的数字，比如整数、分数、小数、负数、质数等，它们之间有各种各样的关系。但是，在学习生活中，我们会发现单纯的数字是没有物理意义的，比如你能说出数字“7”的意义吗？可是一旦我们在它后面加上单位，数字就会变得有意义起来——每周有7天、环校跑中超过了7名同学、今天的最高气温才达到7℃、成年人的小拇指长约7cm……

图2-1中是动物园在用刻度尺为老虎量身高。我们通过各种各样的测量工具应用数字，赋予这个世界各种各样的意义，使其更加具体，也为我们更好地改造世界奠定基础。

图 2-1

在此项目中，你需要迎接的挑战是：

学习使用温度计测量温度、使用雨量器测量雨量；选择一个感兴趣的物理量，自制测量工具进行测量；完成设计模型或者实物，进行展示汇报。

表现性任务

1 任务类型

发明制作。

2 涉及学科

物理，数学。

3 任务复杂程度

★★

4 科学素养特色培养

在本项目的学习中，先通过小游戏了解科学测量和科学描述的重要性，再运用收敛思维，在制造测量工具的过程中，尽可能利用已有的知识和经验，把众多的信息和解题的可能性逐步引导到条理化的逻辑序列中去，最终得出一个合乎逻辑规范的结论。

学习目标

1 科学概念

通过对本项目的探索与实践，能够掌握关于测量和测量工具（如雨量器、温度计）等内容的基本知识。

2 思维方法

经历对本项目的探索与实践过程，运用对比法、控制变量法、等效替代法、转换法等实验方法，能够重点掌握实验方法中的转换法。

3 探究能力

通过对本项目的探索与实践，能够经历完整的科学探索过程，可以自主提出可探究的问题，画出设计图、制订实验计划，最后根据实验得出结论，并在教师的引导下写出简要的实验报告和相应器材的说明书；并进一步提出自己创新的探究问题，完成探究内容。

4 态度责任

通过对现象的观察和分析，结合自己的生活经验，进行一定的推理，提出问题、设计实验、实施实验，最后完成任务。经历完整的科学探究过程，经历克服困难、解决困难的艰苦过程，最终收获胜利的果实，体会科学探究的成就感和满足感；了解任何产品的设计都不是一蹴而就的，需要不断地修改和调试；参与产品交流过程，促进团队合作意识。

任务1 测量的重要性

测量是按照某种规律，用数据来描述观察到的现象，即对事物做出量化描述。测量是对非量化实物的量化过程。

活动1：测量的意义

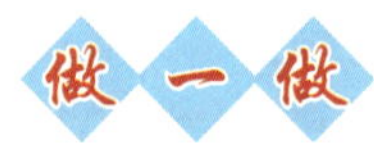

描述1：所有同学背对黑板，请一名同学走上讲台来仔细观察教师准备的一个物体后，用三个短语或者数字对该物体进行科学描述（描述中不能包含物体名称所含的字）。

你能根据这个描述找到它吗？请在三个备选项中找到正确的物体。

请将描述的短语或者数字记录在表2-1中，并说明观察角度。

描述2：所有同学背对黑板，请另一名同学走上讲台来仔细观察教师准备的另一个物体后，用三个短语或者数字对该物体进行科学描述（描述中不能包含物体名称所含的字，也不能使用描述1中的观察角度）。

你能根据这个描述找到它吗？请在三个备选项中找到正确的物体。

请将描述的短语或者数字记录在表2-1中，并说明观察角度。

描述3：所有同学仔细观察教师准备的第三个物体，用尽可能多的短语和尽可能丰富的数字对该物体进行科学描述（描述中不能包含物体名称所含的字，也不能使用描述1和描述2中的观察角度）。

你能根据这个描述找到它吗？请在三个备选项中找到正确的物体。

请将描述的短语或者数字记录在表2-1中，并说明观察角度。

小结：总结这个游戏中用到的所有的观察角度（可以额外补充），用不同颜色的笔写在描述旁边。

回顾三次小游戏，请在描述中你觉得有用的信息后面画√，无用的信息后面画×。

表 2-1

描述1		描述2		描述3	
描述的短语	数字	描述的短语	数字	描述的短语	数字

活动 2：讨论与思考

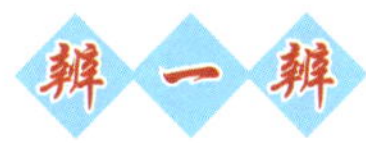

请用语言准确描述某种物体，使其他同学可以辨认出是教室里的哪一个。当描述语言中不包含测量数据（或估测数据）或是包含测量数据时，有哪些不同？完成表2-2的填写。

表 2-2

不包含测量数据时
包含测量数据时

有理有据，敢于表达

将使用数据的语言与不使用数据的语言进行对比，判断一下测量是否重要？说说你的想法。

任务2 测量降水量

从2023年7月29日20时至8月2日5时，北京市平均降雨量276.5毫米，降雨时间持续81个小时，降雨量和降雨时间远超2012年的“7·21”北京特大暴雨事件。据气象北京消息，此次降雨天气过程记录到的降雨量极值为昌平王家园水库的744.8毫米，是北京有仪器测量记录140年（1883—2023）以来的最大降雨量。

近年来，极端天气频发，我们可以用一段时间内的降水量来判断降水的剧烈程度，那么我们如何测量降水量呢？

活动1：降水知多少

有理有据，敢于表达

你知道哪些降水模式？将你想到的模式填写在图2-2中。

图 2-2

如何判断降雨量的多少？将你的方法以图文并茂的形式简要展示在下面的空白处。

活动 2：自制雨量器

降水量指在一定时间内，从天空降落到地面上的液态或固态（经融化后）水，未经蒸发、渗透、流失，而在水平面上积聚的深度。通常以毫米为单位，气象观测中取一位小数。

观察一下学校里的雨量器（图2-3）和内部结构示意图（图2-4），猜想一下每个结构的功能。

图 2-3

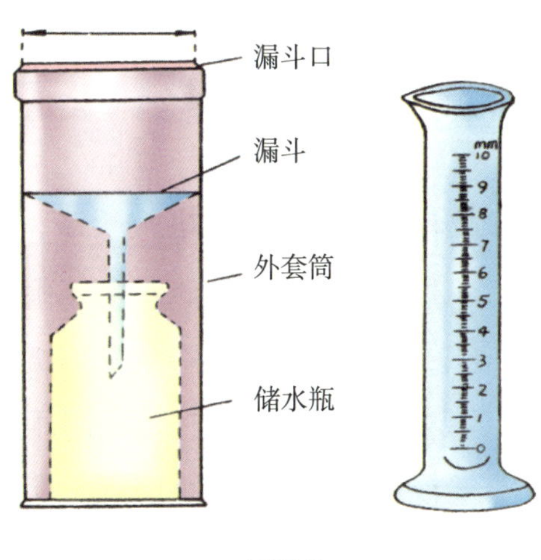

雨量器

图 2-4

表2-3中提出了自制雨量器的相关问题，让我们来做一个雨量器吧。在表2-3中画出你的雨量器的设计结构示意图，并标注好注意事项。

表 2-3

自制雨量器：需要哪些材料？适合用什么形状的容器？如何统一测量标准？还要注意什么问题？	
“我的雨量器”结构示意图（包含细节）	
注意事项	

探究实践，获取证据

用自制雨量器测量降雨量。

要求：①用自制雨量器测量一场雨的降雨量，记录在表2-4中；

②对照“24小时降雨量等级标准”（图2-5）确定降雨量等级；

③查询气象台对这场雨降雨量等级的报告。

步骤：模拟测量（24小时）→记录→对照“24小时降雨量等级标准”（图2-5）确定降雨量等级→查询当地气象台对这场雨的降雨量等级报告，并与自己的测量结果进行比较。

表 2-4

降雨时间	
降雨量	
我确定的降雨量等级	
气象台降雨量等级报告	

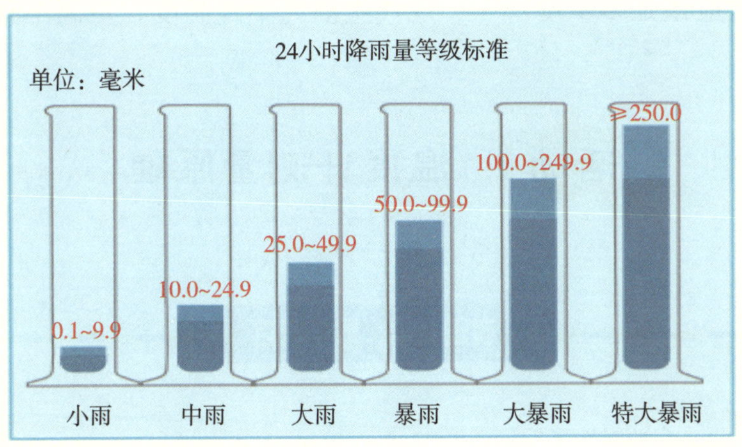

图 2-5

图2-6是我校教师制作的测量降雪量的装置。

请思考：①降雪量如何测量?

②你的雨量器有哪些地方需要改进?

图 2-6

任务3 自制温度计

今天的最高气温和最低气温分别是多少？人体正常的体温是多少？你觉得最舒适的洗澡水应该是多少度？……现代生活离不开温度，更离不开各种各样的温度计。

活动1：温度计测量原理

有理有据，敢于表达

（1）回忆一下，常用温度计的测量原理是什么？你还知道哪些特别的温度计？

（2）挑选你最熟悉的一种温度计，画出它的结构示意图，并尽可能地标示出各个结构的功能。

知识链接

温度计是测温仪器的总称，可以准确地判断和测量温度。利用固体、液体、气体受温度的影响而热胀冷缩的现象为设计的依据。

有煤油温度计、酒精温度计、水银温度计、气体温度计、电阻温度计、温差电偶温度计、辐射温度计、光测温度计、双金属温度计等多种种类供我们选择，但我们要注意正确的使用方法，了解温度计的相关特点，以便更好地使用它。

活动 2：自制温度计

有理有据，敢于表达

如何应用温度计的测量原理自制温度计？你可以参考图2-7的思路，完成表2-5的填写。

直接法：选择液体，将适量液体装入容器中，通过应用液体的热胀冷缩原理，观察液面高度的变化，从而间接观察出温度的变化。

放大法：在“直接法”的基础上，将选择的液体装满容器后，用提前穿入细管的瓶塞塞住。改进后的容器液面所在位置横截面积变小，在改变相同体积的情况下，液面高度更加明显。通过应用液体的热胀冷缩原理，观察液面高度的变化，从而间接观察出温度的变化。

转化法：在“放大法”的基础上，对自制温度计进行标定，与标准温度计进行对比（或确定某些特定温度值），确定自制温度计的示数。通过应用液体的热胀冷缩原理，观察液面高度的位置，从而间接观察出具体的温度数值。

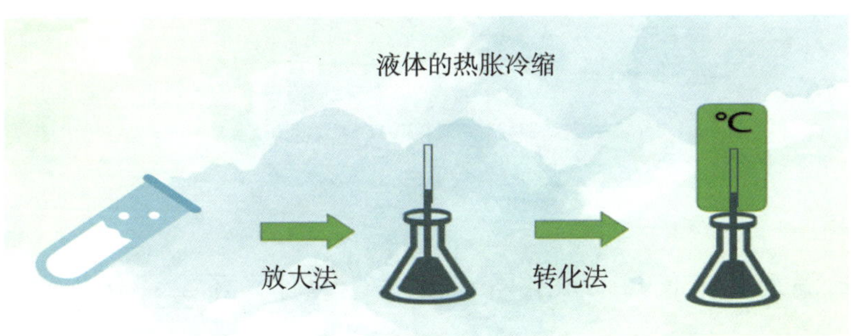

图 2-7

有理有据，敢于表达

表 2-5

选择器材	
液体种类	水
使用试管进行实验	
如何放大	
如何转化（确定示数）	
制作过程注意事项	

活动 3：优化温度计

有理有据，敢于表达

（1）温度计中使用的液体各种各样，为什么不全部使用物美价廉的纯水呢？为什么要将里面的液体染色呢？染色后的液体会不会影响温度计的正常使用和测量？进行对比实验，完成表2-6的填写。

有理有据，敢于表达

表 2-6

优化温度计实验记录表					
实验液体	测量范围	测量准确度	测量精度	测量快慢	评价
水					
水（染色）					
食用油					
醋					

（2）你的自制温度计还可以从哪些方面进行优化？你还希望这款温度计具有怎样的实用功能？这些功能是否可以添加到你的自制温度计中？完成表2-7的填写。

表 2-7

优化角度	
简述方案	

活动4：自制其他测量工具

有理有据，敢于表达

我们已经学习了雨量器和温度计的设计思路，你还对哪些物理量感兴趣？如何对它们进行测量？尝试制作一款测量工具吧！

借鉴雨量器和温度计的设计思路，选择一种物理量，查阅资料，设计它的测量方法。参考图2-8的测量工具，设计自己的测量工具，完成表2-8。

图 2-8

表 2-8

物理量	
设计思路（设计图）	

知识链接

（1）测量的客体即测量对象：主要指几何量，包括长度、面积、形状、高程、角度、表面粗糙度以及形位误差等。由于几何量的特点是种类繁多，形状又各式各样，因此对于它们的特性、被测参数的定义以及标准等都必须加以研究和熟悉，以便进行测量。

（2）计量单位：《中华人民共和国计量管理条例（试行）》第三条规定：

“我国的基本计量制度是米制（即公制），逐步采用国际单位制。”米制为我国的法定计量单位。在长度计量中单位为米(m)，其他常用单位有毫米(mm)和微米(μm)。在角度测量中以度、分、秒为单位。

（3）测量方法：指在进行测量时所用的按类叙述的一组操作逻辑次序。对几何量的测量而言，则是根据被测参数的特点，如公差值、大小、轻重、材质、数量等，分析研究该参数与其他参数的关系，最后确定对该参数如何进行测量的操作方法。

（4）测量的准确度：指测量结果与真值的一致程度。由于任何测量过程总不可避免地会出现测量误差，误差大说明测量结果离真值远，准确度低。因此，准确度和误差是两个相对的概念。由于存在测量误差，任何测量结果都是以近似值来表示的。

预期成果

我们已经学习制作了雨量器、温度计以及自己感兴趣的物理量的测量工具，也已经有了相应的学习成果（实物或设计图）。每个同学的设计思路和呈现方式均不相同，你的成果是怎样的呢？测量的标准量标是怎样设置的？测量工具的分度值和量程是怎么考虑的？你的成果有什么独特的优点或者留有遗憾的缺点？请与同学们分享一下吧！

测量工具的实物或设计图分享可以参照表2-9的形式进行总结和展示。

表 2-9

自制测量工具	展示实物图片或者设计思路	优缺点说明
雨量器		

（续）

自制测量工具	展示实物图片或者设计思路	优缺点说明
温度计		
其他测量工具		

评价反思与改进优化

通过对测量的了解，相信你对数字的意义有了更深刻、更现实的感悟，数字只有在和单位组合出现的时候才有物理意义，才能让我们对世界的了解更加透彻和具体。在本项目中，你通过自制雨量器和温度计，切实地体会到了很多物理量并不能直接测量，而需要运用一些技巧或者智慧间接得到。在这个过程中，你间接地用到了“转换法”，在之后的学习中也有可能再次遇到它。

本项目已经接近尾声，请你对照表2-10对自己学习的情况进行评分，并撰写反思，以便日后改进。

表 2-10

评价内容	评价标准	分值	评分
任务完成度	本节课内完成一项制作测量工具任务计5分，完成2项制作测量工具任务计10分，完成3项制作测量工具任务计15分，没有完成任务的接下来的项目不计分	15分	
趣味性/美观性	其他同学从趣味性或者美观性这一角度对本组所有的作品进行投票，按照投票数量分为三层，分别计5分、4分、3分	5分	
作品的质量（实用性）	本组所制作测量工具的测量结果准确度能否达到标准要求，符合标准要求的计5分，接近标准要求的计4分，与标准要求相差较远的计3分	5分	
小组合作	有明确的分工且已贯彻实施，每个成员都有相应的任务；每个成员都明确自己的任务，并且有组织地完成了任务	5分	
技术含量	含有两种及两种以上的知识或技术	5分	
特色	含有自己小组特色的内容	5分	
总分			
优化改进			
我在本项目中学到了			
有些地方做得不好，我的遗憾			
如果重来一次，我想			

船舶

走进情境，融入角色

谁没有一个遨游在大海中的梦想，谁没有一颗向往无边无际且充满各种传说的大海的心？人类的海洋情怀由来已久，探索海洋的脚步从来没有停歇。初始可能只是一块木板、一块石头或者一根树枝，随后加入了人类的智慧。在探索海洋的过程中，人们不断地改进与更新，不断地加入更多的功能，慢慢地让船舶变成了现在的形状，变成了我们想象当中的模样。

这一过程，正是北京育英学校在即将到来的科技节上想要展示的。你作为一名展览布置员，负责的板块是——船舶。请从展览的文字内容和模型内容方面进行思考，在一面高 2m、宽 2m 的白墙以及长 2m、宽 0.6m 的展台上布置你想要展示的内容。图 3-1 展示的是中国人民解放军海军辽宁舰。

图 3-1

在此项目中，你需要迎接的挑战是：

选择一个角度，从展览的文字内容和模型内容方面进行思考，在规定的展示区域内布置你想要展示的主题和内容。注意在有限的经费内尽可能地让展览或有温度或美观或有趣或有特色。

表现性任务

1 任务类型

展示产品。

2 涉及学科

历史，物理，美术。

3 任务复杂程度

★★★

4 科学素养特色培养

在对船舶的探索和实践中，从各个角度对船舶有一个大概了解，选择某一个角度进行深入探究，从而完成展板的布置。在这个过程中运用归纳和演绎思维，从多个个别的事物中获得普遍的规则，提取关键内容进行展示；再从普遍性规则推导出个别性规则，寻找某一例子进行模型展示。

学习目标

1 科学概念

通过对本项目的探索与实践，能够初步了解船舶是多种多样的、船舶的动力来源、浮力等内容的基本知识，可以用自己的语言对对象进行描述。

2 思维方法

经历对本项目的探索与实践过程，运用观察法、对比法等实验方法，能够重点掌握实验方法中的观察法。

3 探究能力

通过对本项目的探索与实践，能够经历完整的科学探索过程，可以对某一类型的船舶进行自主调查，可以画出未来船模的设计图，再根据设计图进行制作，并写出简要的展览内容。

4 态度责任

通过对现象的观察和分析，结合自己的生活经验，进行一定的推理，经历克服困难、解决困难的艰苦过程，最终收获胜利的果实。通过在设计和制作过程中调用已有知识、应用知识、总结经验，体验实验原理与实践之间的关系，初步感受到科学无极限。

任务1 查找资料，建立大船印象

活动1：船舶知多少

你对船舶了解多少

船，或者叫作船舶，是随着人类的发展而开发的。不论是战时或是平时，都有船舶的出现。世界上有数百万的渔民用渔船捕鱼，战时的海战及海上军事补给都与船舶有关。在历史上，船舶在地理探索及科学技术的发展中都扮演着重要的角色，比如中国明朝的郑和率领船队将指南针及火药传播到其他国家。船舶曾有殖民及奴隶贸易等用途，也用于科学、文化及人道主义等方面。美洲及欧洲之间的“哥伦布大交换”是当时世界人口增长的主因之一。航运是世界经济发展的重要支柱。

有理有据，敢于表达

请画出你的脑海中首先想到的船舶的形状。你觉得对于船舶来说，什么是最重要的？完成表3-1。

表 3-1

初印象：脑海中船舶的形状	
船舶的重要特点（至少三个）	

活动 2：中国大船简介

探究实践，获取证据

自主观看视频并阅读资料，将自己感兴趣的内容记在表3-2中。

以小组为单位，选择某一段关于船舶的介绍，课下详细调查相关内容，分工合作，制作PPT（5分钟）并完成汇报（研究报告），进行展示和分享。

表 3-2

中国大船简介		
调查人员：		调查路径：视频
观看笔记		
调查人员：		调查路径：
调查情况说明：		
我们小组选择介绍的内容是：		

资料卡片

2006年3月23日，作为中国上年度纪念郑和下西洋六百周年的压轴之作，中国首次开展的十大名船评选活动在北京人民大会堂揭晓，四艘军舰和六艘民用船舶荣膺“中国十大名船”称号。这十大名船均由中国人自己设计并建造，堪称新中国船舶工业不同历史时期的典型代表。

中国第一艘自行设计建造的万吨级远洋船——东风号，集中反映了当时中国船舶设计、制造水平以及船舶配套生产能力，为中国大批量建造万吨以上大型船舶奠定了基础。

中国第一代导弹驱逐舰——济南舰，实现了中国驱逐舰从仿制到自行研制的跨越，它的诞生在中国驱逐舰发展史上具有重要的里程碑意义。

中国第一艘多功能大型远洋综合调查船——向阳红10号，作为中国自行设计建造的第一艘载有直升机的多功能大型远洋综合调查船，能在全球所有海区航行，为中国太空和海洋科学发展立下了汗马功劳。图3-2是北京科技博览会上展示的向阳红10号模型。

图 3-2

中国第一艘按照国际标准建造的出口船舶——长城号，是中国改革开放后按照国际标准建造的第一艘大型出口船舶，它率先叩开了走向国际市场的大门，开创了中国船舶出口的新纪元。

中国第一代弹道导弹核潜艇（092“夏”级），是中国海军装备建设的一次战略性突破。

中国第一艘自行设计建造的浮式生产储油船——渤海友谊号，是集原油加工、海上油库、卸油终端等功能于一体的海洋石油开发的重大设施，它的建成实现了中国浮式生产储油船设计建造零的突破，是世界首次将浮式生产储油船用于有严重冰情的海域，是中国船舶工业在海洋工程领域标志性的产品。

中国新型常规潜艇（041元级），集中了中国舰艇武器装备科研最新成果，标志着中国常规潜艇设计和建造水平有了新突破。图3-3是在纪念中国人民解放军海军成立60周年大阅兵中展示的潜艇。

导弹驱逐舰——哈尔滨舰，是中国第二代导弹驱逐舰，代表了中国水面舰船武器装备20世纪90年代初的最高水准，实现了中国海军首访大洋彼岸。

图3-4中是被誉为“海上科学城”的航天测控船——远望三号，它是中国自行设计和建造的新型航天测控船，具有对卫星、飞船、潜地导弹等进行指挥、控制、测量的功能，它的建成使中国成为世界上第四个航天测控技术大国，为中国航天事业的发展做出了突出贡献。

图 3-3

图 3-4

中国第一艘30万吨级超大型原油船——德尔瓦号，达到了当今国际先进水平，实现了中国超大型油船建造零的突破。

有理有据，敢于表达

分组调查结束后需要汇总调查结果，这样我们每个人就能知道很多关于中国大船的知识和内容了，在展板上可呈现的内容就更加丰富和具体了。

为了得到准确翔实的信息，以便之后进一步设计和规划自己感兴趣的内容并放在展板上，在准备汇报之前，我们需要一起制订一下汇报的规则。

有理有据，敢于表达

与同学们讨论一下，你觉得汇报的时候应该注意哪些方面呢？

商量完毕的评价细则可以填写在表3-3中，也可以在表3-3的基础上进行添加或删改。

表 3-3

"中国大船简介"汇报得分表			
序号	得分标准	满分	特色说明
1	在5分钟内结束汇报	5分	
2			
3			
4			
5			
6			
7			

任务2 船舶运行的原理

我们已经了解了中国的大船发展历史以及一些名船的知识，有的小组也介绍了很多现代船舶的发展状况，那么这些船舶是如何运行的呢？它们的能量来源分别有哪些？这些船舶运行的方式有哪些不同、分别有什么样的特点？

活动1：船舶是如何动起来的

有理有据，敢于表达

（1）从古至今，让船舶动起来的方式多种多样，你知道都有哪些吗？请将运行方式填写在图3-5中。

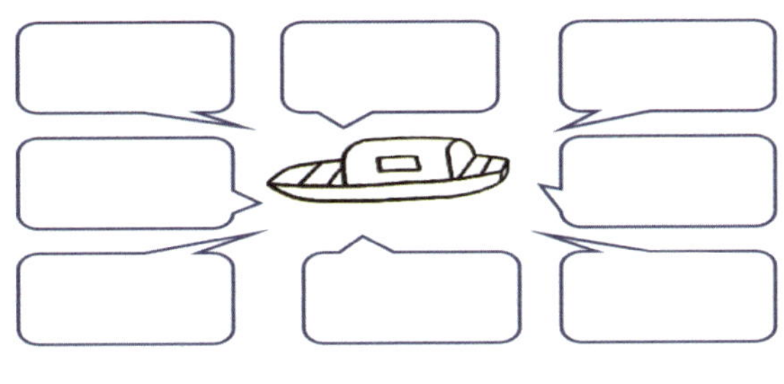

图 3-5

（2）我们可以根据能量来源对这些船舶进行分类，这样也能从侧面看出船舶在能量来源角度的发展历程，了解到船舶的发展史与其能量的利用史息息相关。

先独立完成表3-4的填写，然后再根据同学们的发言进行补充和完善。

表 3-4

船舶类型	能量来源	能量转换形式	能量转换关键部件
独木船	人力（人的动能）	人的动能→船舶的动能	桨

活动2：浮力简述

我们已经知道了船舶是如何往前行进的，那么船舶又是怎样浮在水面上的呢？关于船舶，一个绕不开的话题是浮力。

在物理中，我们将详细地学习浮力的定义、影响因素和相关计算，在这里我们只需要掌握展板所需要用到的那部分知识就可以，比如浮在水面上的物体所受到的浮力大小。

有理有据，敢于表达

请将学习笔记记在表3-5中。

表 3-5

问题	笔记
漂浮在液体上的物体所受到的浮力是什么	
船舶所受到的浮力与什么有关	
简述同样是铁，为什么船舶能漂浮在水面上，而铁会沉入水底	
让一块本来沉入水底的橡皮泥漂浮在水面上（画图说明如何操作）	
衡量船舶的载重量用什么物理量？代表什么意思	

将一个物体静止放在水平桌面上，它的受力情况如图3-6所示，桌面给物体的支持力和物体所受的重力是方向相反、大小相等的。物体没有掉下去是因为桌面的支持力抵消了重力。那么，如图3-7所示，将一个物体放入水中，物体漂浮，该物体为什么没有沉入水中？这同样是因为有一个力抵消了物体的重力，这个力就是浮力。当物体漂浮时，物体的重力和所受的浮力是相等的。将重力转化为质

有理有据，敢于表达

量，将浮力转化为排水量，我们可以说当物体漂浮在水中时，它的质量等于它的排水量（具体转化方式可以自学八年级物理教材）。我们通常用排水量来衡量船舶的载重量。如：辽宁舰的满载排水量为6.5万吨，轻载排水量为5.3万吨。那么，你知道辽宁舰最多能装载多重的货物吗？

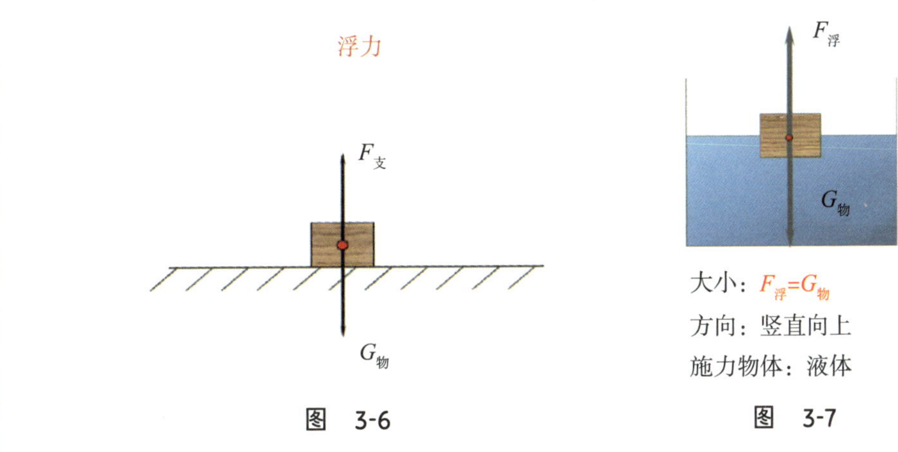

图 3-6　　图 3-7

活动 3：制作、改装明轮船

明轮船一般指车船。车船是在桨的基础上加以改进和设计的，桨用手力，而车船使用脚力，是古代一项重大的船舶技术发明。至今，它的发明仍然是一个谜，但不可否认的是，明轮船在中国从古至今的发展过程中，特别是在军事和经济领域，起着举足轻重的作用。

制作、改装的要求如下：

（1）根据材料包说明自制明轮船，确保船可以在校园水体中正常运行，如图3-8所示。

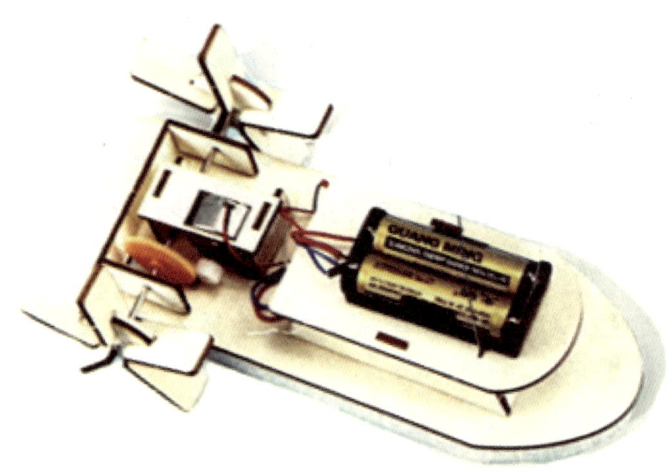

图 3-8

（2）根据自己对产品模型的设想，可以有以下两个选择：①在明轮船的基础上进行改造，制作你想要展示的船模；②体验明轮船之后，自己发明一个船模，可以使用现有材料，或者找教师要某些材料。

（3）给自己的船模起个名字，撰写介绍，并设计相应的介绍卡片。

（4）将你改装或者发明的船模设计图绘制出来，某些具有特殊功能的组件需要写出其详细功能。

我的船模

任务 3 制作展板

通过之前的学习，我们已经了解了一些关于船舶的内容和模型基础，现在我们要开始设计展板以及展示内容了。

活动 1：展板设计

有理有据，敢于表达

以小组为单位，根据之前所学内容和展板样式和尺寸设计展示内容，完成表3-6。展板样式和尺寸参见图3-9。

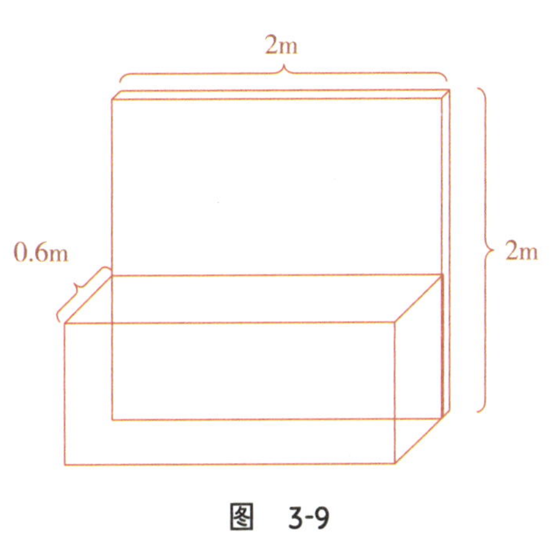

图 3-9

表 3-6

我们的设计思路	
主要介绍	
模型与模型之间的关系	
展板介绍的特点	
展品展示的特点	
没有做到位的地方	

活动 2：与初印象对比

还记得在本项目刚刚开始时你画的你印象中的船舶吗？

现在回看时你有什么样的感悟？

对于船舶的印象虽然每个人都不同，但是不深入学习，脑海中的印象就不会是具体和丰富的。只有认真了解、学习、研究相关内容之后，你对它的想象才会更加具体和有趣。

有理有据，敢于表达

现在再让你画出你印象中的船舶，你会画成什么样的呢？

请在下面的空白处，画出你想象中的未来的船舶的样子，并与你的“初印象”中展示的船舶的形状进行对比，简单描述一下自己的感悟，完成表3-7。

表 3-7

未来的船舶	
船舶的重要特点（至少三个）	
与“初印象”中的船舶进行对比，我的感悟	

预期成果

在本项目中，你已经学习了一些关于船舶的历史知识、运行原理，并且制作了属于你的独一无二的船模。现在请你利用展板设计的活动，将它展示出来。展板以及样式参考如图3-10所示。

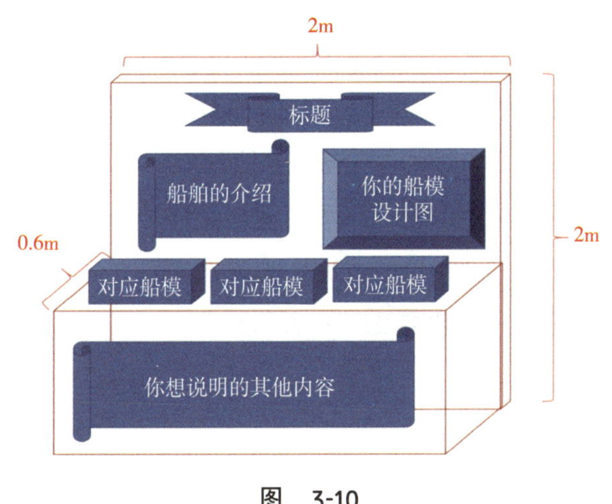

图 3-10

评价反思与改进优化

在本项目中，你学习了关于船舶的各个方面的知识，比如船舶的外形、运行方式、功能等，你还改造/制作了船模，布置了关于船舶的展板。请你对照表3-8对自己学习的情况进行评分，并撰写反思，以便日后改进。

表 3-8

评价指标	评价内容	分值	评分
小组合作程度	小组决定好的事情我能够坚决执行	5分	
	小组分工明确，合作愉快	5分	

（续）

评价指标	评价内容	分值	评分
小组合作程度	能够为小组的进步提供支持或者帮助（物质上或者精神上）	5分	
	在小组当中能够积极出谋划策，提出建议，并且接受别人给我的建议	5分	
任务完成度	对于自己负责的内容能够按时交付并且认真完成	5分	
	完成了一个模型或者一块展板	5分	
	除了小组安排的个人任务之外，我还能完成额外的工作	5分	
	我对自己的任务完成情况很满意	5分	
作品制作质量	我的作品含有一种或一种以上之前所学知识的应用	5分	
	我的作品达到了有趣性或者美观性的任务目标	5分	
自身状态	遇到困难时能积极面对，尽自己所能地去解决	5分	
	在本项目的学习中我感觉很充实	5分	
	我学到了新东西/对之前学过的内容有新的感悟	5分	
	能够在项目中一直保持积极乐观的心态	5分	
总分			
优化改进			
我在本项目中学到了			
有些地方做得不好，我的遗憾			
如果重来一次，我想			

项目4 细胞玩具工厂

走进情境，融入角色

经调研，小学六年级的同学们在科学课中学习了《微小世界》这一单元，在显微镜下见到了微小生物、洋葱细胞。很多同学开始对细胞产生了兴趣，想了解细胞是由什么构成的、有什么作用。于是，玩具开发师们想为同学们设计一批玩具，比如像图 4-1 所展示的人体器官模型，它将人体知识融入玩具之中，以期实现在玩中学，在做中学。但是开发师们的创意有限，希望你来帮帮他们！

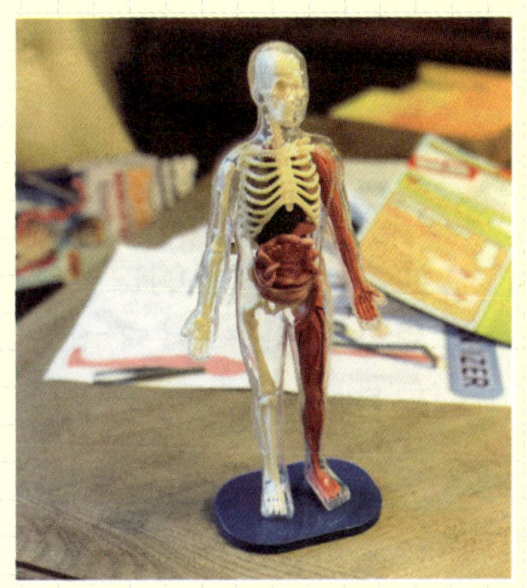

图 4-1

在此项目中，你需要迎接的挑战是：

开发一款以细胞知识为基础的体现生物体结构的玩具，并为你的玩具撰写说明书，让大家都喜欢上它。

表现性任务

1 任务类型

玩具设计和制作。

2 涉及学科

生物学，语文。

3 任务复杂程度

★★★

4 科学素养特色培养

能基于经验事实抽象概括出理想模型，具有初步的模型理解和模型建构能力；能够对现有方案提出质疑、检测和修正意见，进而提出创造性见解和方案，具有初步的创新思维能力。

学习目标

1 科学概念

通过对本项目的探索，能够进一步认识动植物体的细胞结构与功能，能够理解生物体细胞结构与功能相适应的特点，掌握动植物体的结构层次并且能够应用到玩具的制作和开发之中。

2 思维方法

经历对本项目的探索，运用观察法对不同细胞进行细致的观察，能够利用发明法在生活中寻找用于制作细胞的零件，并且能够设计图纸，制作玩具。

3 探究能力

通过对本项目的探究，能够独立完成产品设计，能够自主绘制设计图、制订开发计划，并在教师的指导下写出产品介绍，制作成玩具说明书。

4 态度责任

利用设计思维，体验具有科学性的玩具开发和制作；能够经历从设计到实施评估的完整过程，经历发现问题、解决问题的过程，最终完成产品设计与推广；体验将想法转化为产品的喜悦与艰辛，初步了解设计师的职业。

任务1 零件大搜索

活动 1：材料选择

在生物课的学习中，你已经了解了细胞对于生物体的重要性。动物细胞和植物细胞的结构和功能分别是怎样的呢？细胞是如何组建、形成生物体的呢？现在，你成了一名玩具开发师，你的任务是利用所学的生物学知识，选取合适的材料，制作一个生物体玩具。

我们知道生物体是由细胞构成的，那么就请你先以细胞为例，尝试进行选材和制作。

有理有据，敢于表达

（1）回顾动植物体细胞的结构与功能，以图画的形式将动植物体的细胞画出来，标注各结构名称及功能。

（2）就地取材，选取你能够找到的材料，用于表示各细胞结构，填写在表4-1中。

表 4-1

材料	特点	模拟结构

活动 2：构建细胞

有理有据，敢于表达

（1）根据你选定的材料，参考细胞图，制作一个动植物细胞模型，将照片贴在下面。

（2）尝试对你的模型稍作修改，分别表示动植物体的不同细胞，将照片贴在下面，并说明不同细胞之间的区别。

任务 2 玩具开发与制作

有了制作细胞模型的经验，相信你能够完成进阶挑战了，下面是你的任务。

任务要求：开发一个生物体玩具；在拆解组装的过程中学习生物学知识；玩具应具有一定的观赏性与娱乐性，受同学们欢迎。

有理有据，敢于表达

（1）与同学们讨论一下，你们小组想选择哪一种生物体进行玩具设计呢？

（2）请尝试对复杂的生物体进行拆解，并将拆解图绘制下来。（例如，一株西红柿可以分为根、茎、叶、花、果实、种子。动物体较为复杂，可以拆解为几个主要部分，如头部、胸部、腹部、躯干等。）

探究实践，获取证据

（1）根据拆解图，分析你们需要制作哪些基础零件以及如何进行组装。

（2）明确每个人的任务，填写在表4-2中。

表 4-2

姓名	任务	姓名	任务

完成任务分工后，请开始制作吧！

预期成果

（1）制作动物细胞模型和植物细胞模型，将各部分的名称标注清楚。

（2）与小组同学合作，利用不同材料制作一个生物体玩具，并撰写说明书。将照片贴在下面。

评价反思与改进优化

通过本项目的学习，你对细胞结构、生物体的结构层次等知识有了进一步的理解。同时你还扮演了玩具设计师的角色，运用所学知识，制作一个生物体玩具，帮助更多的学生学习科学。请你对照表4-3对自己学习的情况进行评分，并撰写反思，以便日后改进。

表 4-3

评价内容	评价标准	分值	自评
细胞模型的制作	能够利用黏土等材料制作动植物细胞模型，结构准确、比例适当	5分	
材料选择	选择材料合理，不浪费	5分	
生物体玩具模型	兼具美观性与科学性，能够配备讲解手册，为其他同学提供帮助	5分	
小组分工合作	每个成员都有明确的分工，并且高效完成了任务，同组成员合作融洽，更加团结	5分	
总分			
优化改进			
我在本项目中学到了			
有些地方做得不好，我的遗憾			
如果重来一次，我想			

设计一款水培种菜机

走进情境，融入角色

根据中国居民平衡膳食宝塔，除了主食，我们摄取最多的应该是蔬菜和水果，它们富含维生素和膳食纤维，对身体健康大有裨益。自己种菜就成了一个不错的选择。我校有校园农场和植物栽培基地等场所，如图 5-1 就是我们在植物栽培基地的水培种菜机里种植收获的大叶生菜，你是不是也想有机会尝试一下田园生活，体验种植蔬菜的快乐呢？快来设计你的种菜机吧！

图 5-1

在此项目中，你需要迎接的挑战是：

设计一种水培种菜机，根据蔬菜生长的各个阶段，为其提供适宜的条件，在家里种植一种安全、健康、绿色的蔬菜，保证流程可控，健康环保。

表现性任务

1 任务类型

生活用具设计和制作。

2 涉及学科

生物学，数学。

3 任务复杂程度

★★★

4 科学素养特色培养

通过探索，用访谈法、调查法调查已有的市场产品；运用观察法、控制变量法、对照实验法，进行种子萌发的条件、幼苗生长的水肥条件相关的探究实验；培养发散思维、创造性思维和设计制作能力。

学习目标

1 科学概念

通过设计水培种菜机的探索，能够认识植物的生长需要阳光、水、空气和无机盐等条件；理解绿色开花植物的生命周期包括种子萌发、生长、开花、结果与死亡等阶段的知识。

2 思维方法

经历设计水培种菜机的探索，运用观察法、控制变量法、对照实验法，重点掌握控制变量法。

3 探究能力

通过对种子萌发的条件、幼苗生长的水肥条件的探究，能够在教师的指导下提出可探究的问题；能够在教师指导下制订计划；能够独立实施计划，并在教师的指导下根据数据得出科学结论。了解项目设计流程，体验工程设计的过程。

4 态度责任

通过选择不同的种子，设置不同的条件，在科学的指导下，从种子开始，一直培养到开花结果，观察一株植物的一生。在精心种植一株植物的过程中，感受生命周期的动态变化，体验劳动的快乐，认同要尊重生命发展的规律并去照顾一个生命，使得生命在每一个时期都顺利度过、绽放光彩。

任务1 调查水培种菜机

活动1：任务概览

通过表5-1，你可以了解本任务的目标、你的角色、产品适用对象、应用情境、成果和评价标准，快来读读吧！

表 5-1

目标（G）	设计一款水培种菜机，在农业博览会上展销，获得尽可能多的生产订单
角色（R）	农业科技公司CEO
对象（A）	农业科技经销商
情境（S）	结合背景调查，你们公司准备开展一项新业务——设计一款水培种菜机。你们面临两大挑战： ① 通过资料调研与实验探究，形成基于证据的蔬菜种植指南：如何通过种植者的正确操作，让蔬菜顺利度过一生中的不同时期。 ② 通过动手实践与调试，制作水培种植装置。 最后，你们需要与同类公司竞争，通过简易环保且低成本的装置、科学详尽且可靠的种植指南获得人们的认可，从而获得尽可能多的生产订单，让你们的产品闻名天下
成果（P）	水培种菜机【含：种植指南+种植装置】
标准（S）	① 种植指南：基于证据，能清晰描述被子植物在一生中不同时期（萌发期、生长期、开花期、结果期）的形态结构与生理活动特点、对环境条件的需求以及应该对蔬菜进行何种护理 ② 种植装置：能满足蔬菜在不同时期的生长需求，材料环保、成本低，外形美观

有理有据，敢于表达

（1）你觉得应该为水培蔬菜提供什么样的环境条件呢？请尽可能完整地写出所有必要条件，并标明参考依据，然后与同学们一起讨论。

（2）蔬菜指可以烹饪为食品的植物或菌类，它们提供人体必需的维生素和无机盐等营养物质，品种繁多，形态各异，口感和营养各不相同。你想种的是什么蔬菜？主要吃它的哪一部分呢？请在表5-2的空白行中，写出自己将要种植的蔬菜以及它的食用器官。

表 5-2

食用器官	举例
根菜类	萝卜、红薯
茎菜类	莴笋、竹笋、马铃薯、莲藕、慈姑、洋葱
叶菜类	白菜、苋菜、菠菜
花菜类	花椰菜、黄花菜、紫菜薹、西蓝花
果菜类	南瓜、番茄、菜豆、甜玉米
菌菇类	香菇、木耳、金针菇、口蘑

（3）所有的蔬菜生长都需要光照吗？科学资料显示，烟草种子在见光条件下萌发率为98.5%，在不见光条件下萌发率为2.4%；而苋菜种子在见光条件下萌发率是1.8%，在不见光条件下萌发率是96.6%。这对你有什么启示？

活动2：比较市场上的水培种菜机

有理有据，敢于表达

当你打开购物软件，搜索关键词“水培种菜机”时，映入眼帘的有多种多样、价格不一的类似商品，请你在表5-3中摘抄几款你最感兴趣的水培种菜机，比较一下它们的优劣。

表 5-3

商品名称	价格（单位：元）	优势	劣势

（1）一般来说，水培种菜机包括哪些硬件？我们可以用生活中的什么材料来进行替代？

（2）常见的水培种菜机都有补光装置，光照一般是蓝色或紫色的，这样有什么好处？可以尝试对照实验，看一看蓝光、白光、紫光对叶菜类蔬菜叶的大小、颜色、口感的影响。

请写出你的实验方案。

研究问题：________________________________。

做出假设：________________________________。

制订计划

① 材料用具

实验材料：________________________________。

实验用具：________________________________。

② 实验方案及流程

____

____

____

实施计划，记录问题

在种植过程中，请用图画、文字等形式在表5-4中记录种子的萌发及生长过程。

表 5-4

日期						
图片或绘图						
文字描述						

收集数据，分析结果，得出结论

根据结果分析，可知：__________________________。

得出结论：________________________________。

活动3：访谈专业人士

有理有据，敢于表达

如果你还存有疑惑，不妨访谈一下身边的专业人士吧！

我的困难是：____。

我的疑惑是：____。

资料卡片

智能农业工厂

科学家设计了一种全智能化的植物工厂，完全用机器人和机械手来进行植物生产。机器人把种子播种到栽培槽上，然后进行工厂化育苗。育苗后，再通过一个机械手把它送到指定的位置上进行栽培。植物成熟以后，机械手把它们移出来，进行包装。未来，智能农业工厂也许可以出现在各种地方，比如岛礁、舰船、高原、哨所、空间站、月球、火星、外太空等。

人类开启了探索宇宙的伟大旅程，你也可以展望一下太空种植。太空是极端环境，微重力、高辐射和高真空等环境因素复杂。因此，作物生产必须在完全封闭的舱内人造环境中进行。作物必须适应高度集成、高生产效率、极低能耗的工厂化生产方式。那么，植物是否还能正常完成生命活动？太空种植会有哪些挑战？如何实现空间最大化生产效率呢？请你结合自己的种植体验和学到的知识，与同学们分享交流想法。

任务 2 自主设计与制作种植装置

活动 1：设计装置

有理有据，敢于表达

在实验探究过程中自主设计与制作种植装置，并对装置进行多次试验与改进，最终形成一款（可以是多个装置组成的套装）适应蔬菜一生不同时期生长需求的种植装置，且环保、低成本、美观易操作，适合家庭使用。请标注结构名称且注明其功能。注意：名称完整、各功能分区准确。

活动 2：材料选择

探究实践，获取证据

种植装置的材料应该环保、低成本，适合家庭使用。有些同学用塑料瓶、尼龙绳、PVC管等构建装置。你决定选择什么材料呢？来试试吧！

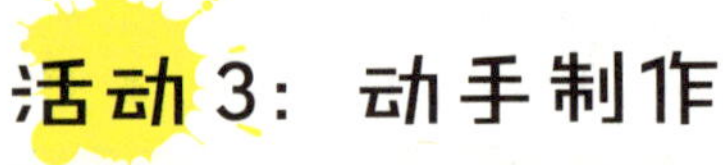

活动3：动手制作

探究实践，获取证据

图5-2所示的是一位同学的作品。你也来展示一下自己的吧。

可以将迭代过程也记录下来哦！

图 5-2

任务3 编写植物水培种植指南

活动1：设计水培种植指南

有理有据，敢于表达

基于自己的观察与实验数据，结合资料数据，以图文并茂的形式，编写一份面向种植爱好者的水培种植指南，清楚展示蔬菜一生各个时期的形态结构与生理活动特点，指导人们遵循植物生命发展周期的规律进行种植。

这份指南应该包括哪些模块的内容呢？

活动 2：种植指南展示评价

有理有据，敢于表达

请讨论种植指南的评价要素，尝试设计你们采用的评价表，可参考表5-5。你们小组的种植指南有哪些亮点和不足？请记录下来吧！

表 5-5

评价内容	评价标准			小组自评	组间互评	教师评价
	C（合格）	B（良好）	A（优秀）			
画结构图	只画出草图	画出了结构图，并做了简单标识	画出了结构图，详细标明了高度、长度、材料、连接点			
组内合作	有少数组员完成了所有工作；任务单未完成	所有组员都参与了，但分工不明确；任务单基本完成	分工合理，合作顺畅；任务单已完成，内容翔实			
装置制作	未完成装置制作；装置不能承载植物水培种植	已完成装置制作；能在其他材料辅助下承载植物水培种植	已完成装置制作，并且能承载植物水培种植			
总评						

预期成果

（1）同学们通过小组合作制作了水培种菜机。

（2）形成了图文并茂的种植指南。

有编程基础的同学也可以加入物联网和智能控制哦！水培种菜机的设计与制作可以参照表5-6的形式进行总结和展示。

表 5-6

水培种菜机	展示图片或者设计	优缺点说明
名称		

评价反思与改进优化

这次你选择种植的是哪种蔬菜？你的种植指南是否广受欢迎？如果让你再挑战种植一种植物，你将如何优化已有的种植装置呢？请你对照表5-7对自己学习的情况进行评分，并撰写反思，以便日后改进。

表 5-7

评价内容	评价标准			评分
	待努力（1~2分）	合格级（3~4分）	示范级（5分）	
周期完整	植物的生命周期不完整	从种子萌发期、生长期、开花期、结果期进行完整描述	按照一定的顺序，从种子萌发期、生长期、开花期、结果期进行完整描述	

（续）

评价内容	评价标准			评分
	待努力（1～2分）	合格级（3～4分）	示范级（5分）	
内容翔实	不能准确描述各时期水培植物的形态结构、生理功能、对环境条件的需求	准确描述各时期水培植物的形态结构、生理功能、对环境条件的需求	准确描述各时期水培植物的形态结构、生理功能、对环境条件的需求，对比不同时期的异同点，突出每个时期的特点	
基于证据	种植方法与主张不完全是基于证据的	种植方法与主张是基于证据的：观察、实验与资料调研	种植方法与主张是基于证据的：观察、实验与资料调研；证据翔实，逻辑严谨	
概念运用	很多表述使用的仍然是生活概念，而不是学术概念	能够用生物学概念进行科学的表述	能够用生物学概念进行科学的表述，概念使用准确且恰当	
表达艺术	版面不清晰、不美观、不够吸引人	指南整体设计与排版思路清晰，内容图文并茂，直观且美观	内容编排富有创意，指南整体设计与排版思路清晰，内容图文并茂，非常吸引人	
总分				
优化改进				
我在本项目中学到了				
有些地方做得不好，我的遗憾				
如果重来一次，我想				

项目6 流言终结者

走进情境，融入角色

我们每天会接触各种各样的信息，网络上、生活中的言论会令人感觉“乱花渐欲迷人眼”。比如，有人说：“维生素C与虾不能同吃。”这种说法是否有道理？如图6-1所示，网络上很火的果蔬净化器是不是“智商税”？我们驾车在高速公路上行驶时会发现弯道上有限速标志，这是否有科学依据？

图 6-1

在此项目中，你需要迎接的挑战是：

你需要在面对各种媒体信息或生活言论时，有质疑、评估和思辨的能力，能够辨别真伪，有理有据地发声。

表现性任务

1 任务类型

调查研究报告。

2 涉及学科

道德与法治，化学，生物学，物理，数学。

3 任务复杂程度

★★★

4 科学素养特色培养

通过科学实践，梳理辨别真伪的一般流程，自主选择感兴趣的议题，并经历从选题、制订研究计划、设计解决方案、分工推进、汇报展示、终期复盘等多个环节，寻找证据，建立生活和科学之间的联系，重点掌握科学探究的一般流程。

学习目标

1 科学概念

通过科学实践，围绕社会政策或常见社会议题，能够寻找证据，知道怎样用实验法、观察法、调查法等方法获取证据，论证观点。

2 思维方法

通过探索，学会用调查法、实验法、文本分析方法等，将事实与观点加以区分，理性思考，避免情感化，对自己的言论负责；能够判断信息来源是否可靠、辨别真伪、培养审辨式思维。

3 探究能力

在科学实践中，培养团队协作能力、自主学习能力、科学调查能力。

4 态度责任

通过讨论科学实践，培养主人翁精神，深入调研，获取信息；培养科学精神；科学引用文献、参考图书；规范使用工具分析数据，积极参与社会议题。

任务1 经典案例分析

活动1："维生素C与虾不能同吃"

身处"后真相"时代的我们或许早已对"另类真相"司空见惯。不管是大街小巷的地摊销售，抑或是各种各样的品牌代言人，他们在说服别人时有可能存在不实的信息，需要我们辨别真伪。请参考表6-1，认识本课题。

表 6-1

目标（G）	智止流言　探求真知
角色（R）	流言终结者
对象（A）	社会大众
情境（S）	在"后真相"时代，你的目标是： 判断什么是流言，粉碎流言，思考流言为何而来。你可以选择制作海报、桌游、视频等，就攻破某一流言进行科普宣传。你面临的困难或挑战是： ①你需要区分事实和观点，了解科学论证模型 ②你需要尝试借助资料分析、实验、调查等方法粉碎流言 ③你需要创意设计一款科普作品，尝试终结某一流言
成果（P）	①口头成果：向受众宣讲，口头讲述科学论证法的原则、做法和好处 ②书面成果：CER论证*模型 ③视觉成果：科普视频、海报、桌游等
标准（S）	①论证充分全面，推理逻辑缜密 ②产品精美、科学、互动性强

* CER：声明观点（Claim）——列出证据（Evidence）——进行推理（Reasoning）。

案例分析

案例："维生素C与虾不能同吃"

砒霜是三价砷，维生素C是还原剂。大米和面粉等谷物产品，提供了我们日常饮食中大部分的无机砷。但是，海鲜里的砷主要以有机砷的形式存在，无机砷的含量在海鲜里最多不超过总砷含量的4%，其中多是五价砷，少量是三价砷。有机砷的危害非常小，它们基本上会被原封不动地排出体外。

通过阅读资料，你认为，"维生素C与虾不能同吃"是流言吗？

虾蟹类无机砷的上限是0.5mg/kg鲜重，对于健康的成年人来说，砒霜的经口致死量约为100～300mg，100mg砒霜含有的砷元素为75mg，假设受害者吃的全都是污染较重的、达到无机砷含量上限的虾，人体里的五价砷全部还原得到了三价砷，那么，一个人要吃多少虾才足以致死呢？砒霜中毒下限5mg，一个人要吃多少虾才会中毒呢？

通过计算，你认为，"维生素C与虾不能同吃"是流言吗？

有理有据，敢于表达

（1）一些流言是用低级的化学知识来吓唬人的。你还知道哪些流言？

有理有据，敢于表达

（2）你是如何辨别流言的呢？请梳理破除流言的一般思路。

活动2：寻求流言破除方略

有理有据，敢于表达

有人使用社交媒体类、图片类、地理与气象信息类工具辟谣。比如，阴影分析。它是一种利用阴影的内部一致性，对照片或者视频的阴影进行分析检查的一种方法。检查在应该有阴影的地方是否有阴影，以及阴影是否与相关的光源一致。我们都知道日光下太阳与我们自身影子的相对位置，如果影子的方向与太阳光的方向反常，我们基本上就能够判断出这张图片被人做过手脚。另外，很多搜索引擎都提供了以图搜图的功能。

你有哪些想探究的问题？

我的问题是：________________________________。

通过学习以上资料，我目前计划采用的流言破除方略是：

____。

任务 2 判断流言

活动 1：第一反应自查表

事实是客观的，观点是主观的。注意分析新闻的观点、角度、价值、局限。

很多时候，流言比较容易煽动情绪，我们可以根据阅读后的第一反应来判断信息的可靠度。一般来说，越煽动情绪的言论，可信度就越低。

有理有据，敢于表达

请你在阅读某言论之后，在第一反应自查表（表6-2）中打“√”，打钩越多，说明该言论越有煽动读者情绪的嫌疑。

表 6-2

自查内容	自我判断
信息标题中是否使用了太多的感叹号?	是/否
该信息的用语是否传递了强烈的主观情绪?	是/否
你读完后是否产生了生气或者恐慌的感受?	是/否
你读完后是否强烈地希望这些信息是真实的或者虚假的?	是/否
信息的标题是否有吸引眼球增加浏览量的嫌疑?	是/否
此信息是否有商业目的，比如宣传推销产品?	是/否
读完信息后你是否产生了文不对题的感觉?	是/否

活动2：事实查证

流言和谣言究竟是如何产生的呢？它们有何特点？传播机制又是怎样的？我们可以运用事实查证的方法，追溯信息源、查证信息的可信度，分析流言背后的原因和目的。

Who：谁在告诉我们这些信息？刊登平台和发布信息的作者是否可靠？

How：作者是如何知道这些信息的？信息是如何被求证的？

Why：作者的观点是什么？发布信息的目的是什么？

有理有据，敢于表达

你可以参考表6-3，评估某一个网页是否可信。

表 6-3

评估内容	可信度（0~100%）
文章是否有作者或具体发布者	
是否有发布时间？是否是最近发布的	
网站是个人还是官方赞助的	
“联系我们”是否有邮件、地址、电话号码等联系方式	
使用反向搜索工具，是否能证明新闻中的图像、数据、事例是真实的	

知识链接

网站后缀举例

.edu——教育机构

.gov——政府部门

.org——非营利组织

.net——网络管理或服务机构

.ac——科研机构

..com——商业团体与组织

.试一试，查找学校或者某单位的官网，看看它的后缀吧！

有理有据，敢于表达

中学阶段是思辨能力发展的关键时期，从众心理很容易导致我们被“标题党”带偏。此外，部分青少年认为在网络的虚拟空间里可以畅所欲言。你赞同他/她的观点吗？请说明理由。（要点：法律和道德、文明用语、正能量等。）

任务 3 破除流言我行动

活动 1：破流言，找依据

有几分证据，说几分话。有一分证据只可说一分话。有三分证据，然后可说三分话。

——胡适

汽车转弯时发生侧滑的原因和弯道限速的依据（节选）

贾咏霖

问题的提出：爸爸经常开车带我自驾游。我们走过很多类型的道路，有宽阔的高速路，有各种类型的城市道路和乡间小路，还有一些蜿蜒曲折的山路。我知道不同种类的道路限速也是不同的。比如高速公路的限速是120km/h，城市快速路的限速是80km/h，一些普通道路的限速是60km/h甚至更低。一些道路在拐弯之前会设置一个限速牌来提示限速，这类限速很不统一，显得没有规律，有的限速80km/h，有的限速60km/h，还有的限速40km/h甚至更低，如图6-2所示。有人说，限速牌的设置根本没有用。这是真的吗？我问爸爸限速牌的设置有用吗？爸爸告诉我，为了保证安全，汽车转弯时必须降低车速。我又追问爸爸，这些限速为什么不统一，它们是怎么来的？爸爸说这里面蕴含着一些物理知识，需要我通过实验和物理学公式来计算和验证。

图 6-2

首先，我需要进行摩擦力实验，测量轮胎的最大静摩擦系数。然后，我需要探究离心力，计算汽车转弯的离心力，并计算弯道的曲率。

因为桥梁跨度较大，不方便测量其作为圆弧所构成的圆的半径，我们也没有专业的工具，而且道路上也很危险，所以不可能在实地测量匝道的曲率半径，这可把我给难住了。后来，爸爸提醒我可以利用电子地图和一些几何知识来计算匝道的曲率半径。

有理有据，敢于表达

请用思维导图梳理该同学的研究思路。他是如何结合选题进行研究，来证明“限速”的合理性并破除“限速牌无用”的流言的呢？

活动 2：破流言，我行动

你在梳理并破除流言的过程中，论述时先归纳一个中心论点，每个论点会有几个论据来支持，而每个论据又有若干个论点支撑。如此往复，就形成了金字塔的结构。论据要严格遵循“相互独立，完全穷尽”的法则。通过这种方法，你可以更有逻辑、更全面地表述某一个论点，期待你更多地在生活中加以应用，成为一个富有逻辑的人！

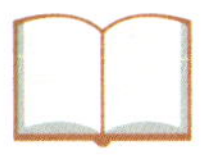

案例分析

我很爱吃苹果，可家人常常因其清洗方法而产生争论。我上网查询了去除农药残留的有效方法：盐粒摩擦表面后用水冲洗；淀粉加水浸泡10分钟；将牙膏涂在苹果表面再冲洗。为了了解哪种方法最有效，我购买了一些材料来测试如何去除农药残留。

实验物品：农药残留检测试纸或农药残留测试卡；苹果；硅素离子水；食盐；胶囊果蔬净化器。

图6-3是我的实验结果，农药残留测试卡下方区域蓝色越深，说明农药残留越少。请你判断：“果蔬净化器是智商税吗？”

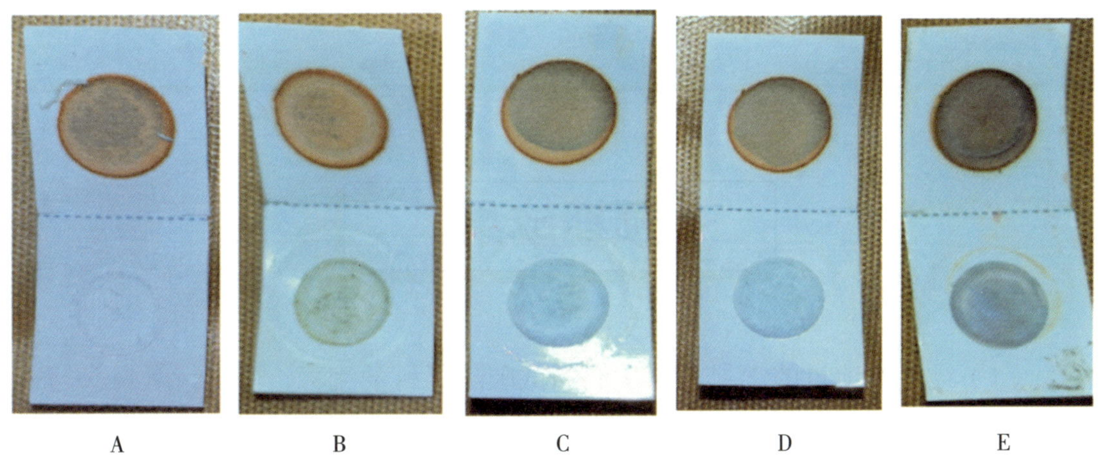

实验结果如上图：图A为没清洗过的苹果检测结果图，图B为用盐水浸泡15分钟后冲洗过的苹果检测结果图，图C为用硅素离子水喷洒后冲洗过的苹果检测结果图，图D为用果蔬净化器清洗过的苹果检测结果图，图E为削皮后的苹果检测结果图。

图 6-3

有理有据，敢于表达

请选取你最感兴趣的一个流言，尝试判断它、解读它吧！

请你拆解问题，尝试设计脚本，制作一部关于破除流言的宣传片。请你参考图6-4所示的框架进行拆解。

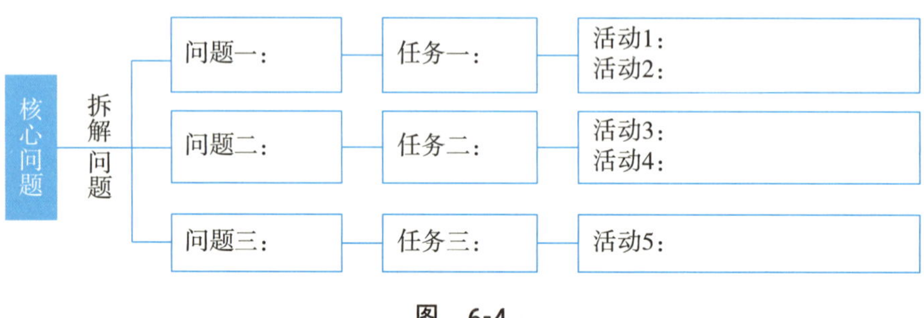

图 6-4

宣传片应满足以下三点要求：

①科学性：内容真实可信，数据清晰明了。

②创新性：资料形式新颖，设计短小精悍。

③艺术性：感染力和说服力强，画面美观。

预期成果

（1）经过本项目的学习，同学们尝试破除了科学流言，并进行了口头与书面表达；

（2）你有哪些新的科学建议，请深入探究。你们小组的调查研究报告可以参考下面的框架。

我的项目研究方案

组员：____

标题：____

研究背景介绍：

参考文献分析：

研究流程图：

具体建议：

评价反思与改进优化

如果你采用科普视频的方式来展示如何攻破某个科学流言，视频时长建议控制在5分钟以内。请你对照表6-4对自己学习情况进行评分，并撰写反思，以便日后改进。

表 6-4

评价内容	评价标准	分值	评分
科学性	内容真实可信，数据清晰明了	40分	
创新性	资料形式新颖，设计短小精悍	30分	
艺术性	感染力和说服力强，画面美观	30分	
总分			
优化改进			
我在本项目中学到了			
有些地方做得不好，我的遗憾			
如果重来一次，我想			

健康我科普——谁是“药神”

走进情境，融入角色

中医药学是中国古代科学的瑰宝，也是打开中华文明宝库的钥匙。春夏秋冬，均是育英的花花草草烂漫之时，红衣、绿裳、蓝衫、紫袍，眼帘可及的范围之内，校园里的植物在每一轮四季都有属于自己的独特高光时刻。

图 7-1

难能可贵的是，这里种植的百余种植物中有许多种属于药用植物。这些植物可治疗、预防疾病，具有保健功效。无论是灼热殷红的牡丹，还是含苞待放的玉兰，或是黄花娇艳的连翘，抑或是红彤彤的山楂果、绿油油的薄荷……图 7-1 是我校植物栽培基地的中草药种植实践区。哪种药用植物是最神奇的呢？快来探究吧！

在此项目中，你需要迎接的挑战是：

走入校园中草药的世界，自主查询资料，探究药效；制作薄荷膏、香囊等产品，为健康中国助力！

表现性任务

1 任务类型

科普宣传海报。

2 涉及学科

生物学，化学，数学。

3 任务复杂程度

★★

4 科学素养特色培养

通过任务，能够提出可探究的问题，独立确定研究目的、以小组合作的形式选定调查地点和对象并展开调查和实验。在交流调查结果的过程中，提升数据处理能力、表达交流能力，培养发散思维和反思性思维。

学习目标

1 科学概念

认识中医在疾病防治中的突出贡献，了解中医在“辨证施治”“整体治疗”“中西医结合”中的具体做法。认识微生物，认识薄荷、艾草的杀菌特性。

2 思维方法

经历探索，能够熟练运用观察法、调查法、实验法；自主选择中草药，设计杀菌妙方。运用“明确问题—提出可行的解决方案—选择解决方案—选择合适的材料—制作模型—测试模型—改进设计”的工程设计思维，设计健康、安全、有效的中医药防疫产品。

3 探究能力

通过探究，能够根据现象进行观察，并且在小组合作中提出问题，在自主探究中认识中药药性，制作香薰、手工皂、防疫口罩等并分析其效果，设计最佳药量，核算成本，设计最节省且安全有效的产品，完成从现象到本质的思维转变。

4 态度责任

增强文化自信，认同洗手、消毒等疾病预防方法，养成卫生保健的意识。

任务1 发现微生物

活动 1：微生物发现史

当观看《手术两百年》等纪录片时，我们会惊讶于欧洲19世纪医学院的手术公开课的讲解内容。与现代无菌手术对比，当时的手术死亡率比较高。

19世纪40年代，塞梅尔维斯是在维也纳一家产科诊所工作的医生。当时，“产褥热”盛行，妇女在医院分娩后经常会发热、疼痛，死亡率高达25%到30%。不少女性宁愿在家里分娩，也不愿意去医院。那时候，一名医生既可以在解剖部门执业，又可以接生。因此，医生经常从医院的病理解剖科出来，就匆匆忙忙地去接生。你认为，致病原是从哪儿来的？“产褥热”可能是什么原因导致的呢？塞梅尔维斯建议，在与产妇接触之前将手浸入氯化石灰溶液中进行消毒，这样患者的死亡率可以从18.27%降至1.27%。请你猜测其中的原因。

塞梅尔维斯坚持推行洗手消毒的做法，可是，这与当时权威的做法不同，他遭受了恶意的攻击和嘲笑。1865年，47岁的他在疯人院郁郁而终。直到20世纪80年代，手部卫生才正式纳入美国卫生保健体系。在塞梅尔维斯的理论遭到嘲笑一个多世纪后，布达佩斯医科大学更名为塞梅尔维斯大学，而他被称为“母亲的救世主”。这给了你哪些启示？

探究实践，获取证据

你还知道哪些关于微生物被发现的故事？你还想知道哪些关于微生物的知识？请在表7-1中完成记录。

表 7-1

K	W	L
What I Know 我已经知道什么	What I Want to Know 我还想知道什么	What I Have Learned 我已经学到了什么
1. 罗伯特·科赫是分离纯化培养细菌和真菌的第一人。 2. 3.	1. 2. 3.	1. 2. 3.

活动 2：环境中的微生物

荷兰科学家列文虎克借助显微镜观察到了一些微生物。

“微生物学之父”法国科学家巴斯德用鹅颈烧瓶实验证明了空气中细菌的存在。

在中国，古人讲到的瘴气、瘟疫往往也跟微生物有关。所以，我国中医提出了“未病先防”的预防思想，强调关注身体内外各种因素对健康的影响，在饮食作息、体育锻炼、疾病预防等方面形成健康的生活态度和行为习惯。只有树立健康意识和社会责任感，人们才能够强身健体和服务社会。

有理有据，敢于表达

请你以“影响健康的微生物”为主题，查找更多的资料并记录下来，然后与同学们分享交流。

探究实践，获取证据

关注健康生活，请你利用家中的材料，检测环境中的细菌和真菌。通过探究实验，形成从真实情境中提出问题、利用实验解决问题的思维，进而提升科学思维和探究实践能力。

比如，有人说：“使用一段时间后的手机屏幕比马桶都脏。”某位同学设计了如下的实验方案。请你帮忙补充完整，并用红笔标出关键点，分析其中体现了哪些科学实验的原则。

使用一段时间后的手机屏幕上的细菌和真菌数量多于马桶上的吗？

做出假设：____。

制订和实施计划：

①取4个灭菌、有培养基的培养皿，并在培养皿底部贴上相应的标签。【手机贴膜（已使用1周）】【手机贴膜（已使用1个月）】【手机贴膜（已使用3个月）】【马桶内壁物质】

②用无菌棉棒分别擦取使用了1周、1个月、3个月的手机屏幕外侧以及马桶内壁的物质，并均匀地涂抹在培养皿上。

③放在室内__________的地方培养一周。

把观察到的情况记录在表7-2中。

表 7-2

日期						
图片或绘图						
文字描述						

收集数据，分析结果：

据结果分析，可知____。

得出结论：____。

任务2 寻觅良方

活动1：认识薄荷膏

夏天到了，不少同学被蚊虫叮咬所困扰，蚊虫叮咬后会出现局部红肿、瘙痒、疼痛等不适症状，而抓挠皮肤容易引起皮肤感染。薄荷膏由薄荷、金银花、野菊花、蜂蜡等萃取。新鲜的薄荷叶捣汁涂抹，可止痒、止痛、消肿。金银花清热解毒，将其捣烂外敷，可用于有红肿热痛的疮痈肿毒。野菊花清热解毒、舒风凉肝，可用于治疗疮痈肿毒。蜂蜡能粘贴疮伤，生肌止痛。

关于蜂蜡的添加量对薄荷膏成品影响的研究

丁睦涵

（1）问题的提出

一个偶然的机会，我在网上看到了一个自制薄荷膏的短视频，做出的薄荷膏颜色绿绿的很好看，还可以清凉止痒，应对蚊虫叮咬，我觉得非常有意思。

我发现，视频里除了用到了薄荷、橄榄油这些我比较熟悉的原料以外，还用到了一种叫作蜂蜡的原料，那么，蜂蜡到底是什么呢？通过查阅资料，我了解到：蜂蜡是蜜蜂（工蜂）腹部四对蜡腺分泌出来的蜡。但是，它在薄荷膏中能起到什么作用呢？它的添加量对薄荷膏的成品会有什么样的影响呢？在强烈的好奇心驱使下，我决定自己动手，通过实验研究来寻找答案。

（2）研究过程

1）确定研究流程

通过多次观看那个自制薄荷膏的短视频，我发现，薄荷和橄榄油经过加工以后，得到的混合物是液态的，而在加入蜂蜡以后，它才变稠、凝固、形成膏体。

经过反复思考，我决定保持薄荷、橄榄油的用量不变，然后做一些对照实验，通过在薄荷膏中添加不同用量的蜂蜡，来研究一下蜂蜡的多少到底会对薄荷膏的成品产生什么样的影响。

我确定的研究步骤如下：

①准备原料和实验器材；

②设计实验方案：确定薄荷、橄榄油的用量，在它们的用量完全相同的情况下，添加不同用量的蜂蜡，用相同的制备方法得到1~5号薄荷膏；

③通过文字、图片的形式对实验过程和结果进行详细的记录；

④对五个实验结果（1 ~ 5号薄荷膏）进行比较，确定蜂蜡的最佳添加量；

⑤总结实验结论，完成实验报告。

2）准备实验材料

新鲜薄荷叶：150g；橄榄油：200g；蜂蜡：16g；家用蒸锅：1个；烧杯：6个；搅拌棒：1根；厨房秤：1台；剪刀：1把；金属小盒：5个，颜色不同

3）提出研究假设

假设蜂蜡的作用是帮助薄荷膏成型，那么蜂蜡加得越多，薄荷膏就会变得越硬。通过对不同添加量的比较，找到合适的配比：用最少的蜂蜡，使得薄荷膏能够成型，使用起来感觉比较舒适。这样既保证了品质，又能节约成本。

4）研究步骤及实验记录

①在小区采集新鲜薄荷叶，用清水洗净，放在干净的纸巾上阴干，用剪刀把它们剪碎；

②用厨房秤称取30g剪碎的薄荷叶，放入空的1号烧杯中；

③用厨房秤称取40g橄榄油，倒入1号烧杯中；

④在蒸锅中添加适量的清水，将1号烧杯放入蒸锅，盖上锅盖，大火蒸30分钟；

⑤把烧杯从蒸锅中取出，将1号烧杯中的所有液体倒入空的2号烧杯中，静置一夜，液体自然分成上下两层；

⑥用厨房秤称取蜂蜡0.5g；

⑦将2号烧杯中的上层油状液体倒入空的3号烧杯中，加入步骤⑥中的蜂蜡；

⑧将3号烧杯放入蒸锅中，加热，用搅拌棒搅拌至完全融化，大火蒸约9分钟；

⑨将3号烧杯从蒸锅中取出，将其中的液体趁热倒入金属小盒中（动作要快，否则容易凝固，无法倒出），自然放至室温；

⑩重复以上步骤①～⑨，再做4组实验，不同的是步骤⑥中的蜂蜡用量，分别为：1g、2g、4g、8g，总共得到5个样品，即1～5号薄荷膏，如图7-2所示。

图 7-2

（3）实验结果

将1～5号薄荷膏的外观进行比较，请5位志愿者试用并对试用感受进行评价。所有志愿者的评价完全一致。薄荷膏配方及外观、试用感受见表7-3。

表 7-3

薄荷膏编号原料	1号	2号	3号	4号	5号
薄荷叶（g）	30	30	30	30	30
橄榄油（g）	40	40	40	40	40
蜂蜡（g）	0.5	1	2	4	8
外观及试用感受	未成形，液态，使用不便	未成形，半固态，使用不便	成形，较软，勉强使用	成形，软硬度适中，使用感舒适	成形，非常坚硬，不容易使用

通过表7-3，可以看出：

①蜂蜡的添加量对薄荷膏的成品有很大的影响，主要体现在薄荷膏的外观成

形和使用感受两个方面；

②在1～5号薄荷膏中，外观成形和使用感受俱佳的是4号，其中蜂蜡的添加量为4g，由此可以确定，蜂蜡与薄荷叶、橄榄油的最佳重量配比为4g、30g、40g，即1：7.5：10。在此配比下，薄荷膏的生产成本性价比最高。

（4）收获和体会

通过这次对薄荷膏的制作研究，我的收获很多。

①了解了蜂蜡这种原料是什么，知道了它在薄荷膏中所起的作用；

②在实验结果会受多因素影响的情况下，学会了通过固定几种因素，而将另一关键因素作为变量，进行对比实验的科学方法；

③通过实践，提高了自己动手做实验的技能，增强了自信，进一步激发了对科学研究的兴趣。

我们每个同学可能都做过类似的小探究，比如，种芽苗菜时，太阳光、水、温度等对芽苗菜的生长有什么影响呢？我们可以像这位同学这样，把实验流程规划得更合理一些，把实验方案设计得更科学一些，实验数据记录得更细致一些。这样做下来，原本平淡无奇的小实验就灵动了起来，而将其系统地整理在一起，就是一篇很有意思的小论文。在这个过程中，你的系统思维能力、设计思维能力、实验能力等一定能够得到提升。

有理有据，敢于表达

请用不同颜色的笔分别标出体现单一变量、对照原则的实验操作。有条件的同学，可以尝试制作哦！

活动 2：健康产品设计

我们中国的医学，历史悠久，传承千年，对世界上各国人民的健康做出了重要贡献。

现代中学生有很多不良的生活习惯，导致肥胖、近视、体质差等现象日益严峻。文化是民族的血脉，在健康中国的战略背景下，融合了哲学、文学、历史、生物、地理等知识的中医药文化，为青少年健康教育和健康促进提供了丰富的素材。

北京育英学校积极拓展中华优秀传统文化教育实践，不断提高学生的体验感和获得感。比如，少儿八段锦功法展示、中医药画册、中药粘贴画、曲艺表演·赞国宝中医药、中药防疫香囊缝制、八珍丸等中药产品制作等。这些对于帮助学生强身健体、涵养情趣，促进健康行为习惯养成和身心和谐发展，传承和弘扬中华优秀传统文化有着重要作用。

有理有据，敢于表达

我们将要进行“谁是‘药神’”的大比拼。请你设计一款家用的中医药产品，介绍一下产品名称及性能。

比如，金银花茶、酸梅汤、中药香囊、养生经络锤、山楂丸等（请选购质量有保障的原材料）。

制作过程中注意卫生和安全哦！可以以图示的形式写下制作流程。

任务 3 效果大比拼

活动 1：设计微生物实验

许多传染病都是由微生物引起的，有同学可能会疑惑，金银花汁液或薄荷提取液能够抑菌吗？你可以提取这些汁液或是选取你常用的某品牌湿巾或洗手液，来探究一下其中某种物质的抑菌效果吧！

准备材料：

（1）思考：如何设计对照实验？

（2）选定一个变量，探究 × × 对微生物的影响。

提出问题：____

做出假设：____

制订计划：

预估实验结果及结论：

得出结论并汇报：

问题：讨论产品的应用领域以及如何完善？

活动 2：菌落数据分析

探究实践，获取证据

微生物菌落长出来了吗？

（1）请把数据填写在表7-4中。

表 7-4

位置	菌落颜色	菌落数量	菌落种类

（2）请你根据调查结果，以图文形式分析药效。

活动 3：制作产品宣传海报

我们选择制作了中医药产品，如薄荷香皂、中药经络锤等，并探究了金银花、薄荷等药用植物的抑菌作用。请你们小组参考图7-3的形式制作本组的宣传海报，将自己的科学探究或实践成果介绍给他人吧！

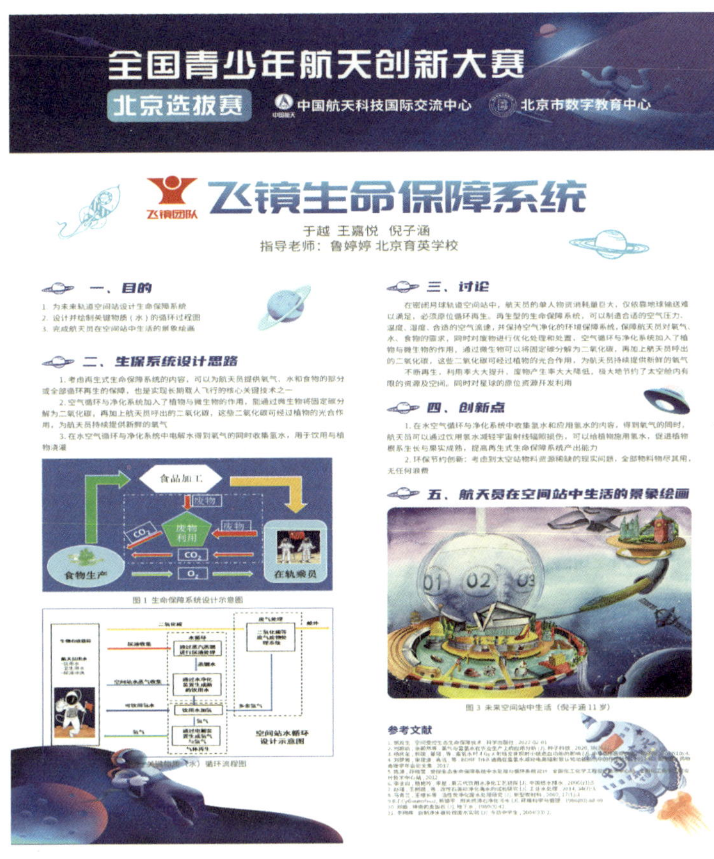

图 7-3

预期成果

同学们了解了中医药和微生物的相关知识，设计了有益健康的中医药产品，并且小组合作设计了宣传海报，请打印出来贴在下面。

更为重要的是，我们基于中草药设计了抑菌效果的科学探究实验，建议同学们互相多交流，取他人之长，完善个人作品。

评价反思与改进优化

各组需要借助海报、实物作品等进行产品的宣传展示，请你对照表7-5对自己学习的情况进行评价，并撰写反思，以便日后改进。

表 7-5

评价内容	评价标准			小组评价	教师评价
	C（学员级）	B（合格级）	A（专家级）		
报告深度	不能挑选出中药产品内容进行宣讲，没有重点	能够基本覆盖中药产品内容	覆盖中药产品内容		
解答	这一主题的核心知识有缺失	掌握这一主题的核心知识，引用的材料或证据基本完整	完全掌握产品主题的相关知识，引用的材料或证据是有质量保证的		

（续）

评价内容	评价标准			小组评价	教师评价
	C（学员级）	B（合格级）	A（专家级）		
团队合作	只呈现少数团队成员合作的证据	呈现大多数团队成员都直接或间接地参与了汇报过程	所有的团队成员都直接或间接地参与了汇报过程		
与听众的互动	宣讲方式单一，不注重听众的感受和反馈，听众不愿意听讲	听众能听明白，大部分时间能与听众进行眼神交流	引发听众投入参与，与听众进行积极的眼神交流		
展示	紧张，专业术语使用不恰当，以文字形式呈现内容，效果一般	专业，清晰，主要通过PPT的运用来增强报告效果	专业，富有创意，运用了实物、多媒体等方法来增强报告效果		
总评					
优化改进					
我在本项目中学到了					
有些地方做得不好，我的遗憾					
如果重来一次，我想					

项目8 不可少的酒精

走进情境，融入角色

当我们回到家中后，常会使用酒精进行消毒。在医院或科研场所，酒精是手术灭菌的必备药品。无形中，酒精已经成为我们生活中的一部分。但是，酒精作为药品，非正当使用也会对人体健康造成极大的危害，而图8-1就是“禁酒”标识。鉴于酒精的严重危害，很多人开始有了“全面禁止酒精”的言论，你怎么看待这种言论呢？

图 8-1

在此项目中，你需要迎接的挑战是：

辩证地看待“全面禁止酒精”这种言论，制作一部倡导正确使用酒精的宣传片。

表现性任务

1 任务类型

科普宣传片。

2 涉及学科

生物学，信息技术，化学。

3 任务复杂程度

★★★★

4 科学素养特色培养

通过对酒精性质的学习和对生活中常见酒精制品的调研，能够辩证地看待酒精对人类的作用，提升健康生活的意识。

在制作宣传片的过程中，锻炼与他人合作分享的能力，培养社会责任感。

学习目标

1 科学概念

通过对本项目的探索，能够认识生活中常见的酒精制品，并进行归类；知道酒精对生物会造成一定的影响。

2 思维方法

经历对本项目的探究过程，运用调查法对超市中的酒精进行调查，能够重点掌握调查法；运用对照实验法探究酒精的杀菌消毒作用，初步掌握实验法。

3 探究能力

通过参与探究活动，能够在教师的指导下提出具体明晰的可探究问题，并且能够根据生活经验做出假设；能够在与同学的交流中制订完善实验计划并实施；能够独立实施计划；能够在教师的指导下根据数据得出科学的结论。

4 态度责任

参与社会调查，关注生活中的酒精制品，认识酒精对人体健康的危害，辩证地看待酒精的益处与危害，保持健康的生活方式。

任务1 认识生活中的酒精制品

活动1：认识酒精制品

有理有据，敢于表达

说出你在生活中见过的含酒精的制品，并进行归类。

（1）想一想，你在生活中见过哪些物品中含有酒精成分？（列举5例）

（2）写一写。在你列举的这些含有酒精成分的物品当中，酒精的作用是什么？填写在表8-1中。

表 8-1

物品名称	酒精作用	物品名称	酒精作用

尝试使用不同的分类依据，对酒精制成的用品进行分类，归纳酒精的功能。

活动 2：酒精制品大调研

酒精是药品，获得它需要通过正规的渠道。超市和药店可能是获取途径之一。要想知道每种酒精制品的正确使用方法，我们需要进行调研。

常用的调查方法有哪些？

探究实践，获取证据

调查内容：调查______________中酒精制品的种类及价格。

调查时间：______________

调查地点：______________

调查目的：____

调查结果：填写在表8-2中，此表可根据需求修改。

表 8-2

物品名称	陈列区域	商品价格	酒精功能

（续）

物品名称	陈列区域	商品价格	酒精功能

调查结果分析：

这次活动的收获和体会：

活动3：认识酒精

有理有据，敢于表达

(1) 请根据生活中使用的酒精制品的特点和功能，归纳酒精的特点。

(2) 通过对酒精的观察，写出酒精的一些物理性质和化学性质。

资料卡片

酒精的性质

物理性质：酒精在常温常压下是一种易挥发的无色透明液体，低毒性，纯液体不可直接饮用；具有特殊香味，并略带刺激；能与水以任意比互溶；能与氯仿、乙醚、甲醇、丙酮等多种有机溶剂混溶；密度比水小；沸点为78.5℃。

化学性质：完全燃烧时发出淡蓝色火焰，生成二氧化碳和水，并放出大量的热，不完全燃烧时还生成一氧化碳，发出淡黄色火焰，放出热量；酒精能被强氧化剂如高锰酸钾氧化为乙酸。

任务 2 探究酒精的消毒作用

活动 1：实验来验证

酒精具有一定的消毒功能，我们如何通过实验来验证酒精的消毒作用呢？请老师准备无菌培养皿、75%酒精等材料，同学们来一起完成这个实验吧！

探究实践，获取证据

实验步骤：

①取三个相同的无菌培养皿（装有牛肉膏蛋白胨培养基），利用标签纸分别在上面进行标号，分别为未处理组、清水组和酒精组；

②使用无菌棉签，分别蘸取清水和75%浓度的酒精，均匀地涂抹在清水组和酒精组的培养基上，静置片刻；

③用手指轻轻地在清水组和酒精组上按压两下，盖好盖子；

④放置在家中阴暗的地方进行培养，每隔12小时对培养基上的菌落数量和大小进行统计，记录在表格中。

说一说：这个实验的目的是什么？如何验证酒精的消毒作用？

设计实验记录表格，记录实验结果。

得出结论：____。

活动2：实验再补充

探究实践，获取证据

（1）经历前面的初步实验后，请你说说这个实验还有什么可以改进的地方？

（2）在这一实验的基础上，如果增加一些实验材料，你还能够探究什么科学问题？

任务 3 制作正确使用酒精的宣传片

活动 1：酒精的负面影响

在当下的社交网络和互联网文化中，有许多关于酒精的话题和讨论。有些成年人热衷于分享自己饮酒的照片和故事，以显示自己的成熟和社交能力。然而，酒精在社交场合中并不总是好事，它可能导致失去理性和产生健康问题。比如，酒后驾车可能导致极大的危害，波及的可能不只是某一个人，而是很多个家庭。

有理有据，敢于表达

在生活中的哪些环境下，我们可能受到酒精的负面影响？

活动 2：制作宣传片

通过本项目的学习，相信你已经能够辩证地看待酒精。每年的5月9日为“世界无酒日”，请你总结酒精的利与弊，制作一部宣传片，在校园中进行播放，达到科普宣讲的目的。

要求：①视频，MP4格式，横屏，时长不超过3分钟。

②有理有据，说明酒精的作用。

可以参考表8-3对制作的宣传片进行评价。

表 8-3

评价内容	评价标准			小组评价	教师评价
	萌新学徒（0~1分）	公益干事（2~3分）	宣传大使（4~5分）		
科学性	主题不明确，内容未围绕酒精的利与弊展开；观点不符合事实；表述不够科学、准确，逻辑欠佳	主题比较明确，内容紧密围绕酒精的利与弊展开；能部分应用探究实验的结果和相关数据作为实施支撑；表述科学、准确，有逻辑	主题明确，内容紧密围绕酒精的利与弊展开；能应用探究实验的结果和相关数据作为实施支撑；表述科学、准确，逻辑性强		
美观性	画面不清晰，呈现形式令人费解；配乐与宣传片不契合；缺乏感染力和说服力	画面清晰，呈现形式大体上合适；配乐与宣传片比较契合；有一定的感染力和说服力	画面精美，呈现形式令人舒适；配乐与宣传片整体吻合；有较强的感染力和说服力		
创新性	表达形式不合适；没有创新	表现形式略显常规，呈现方式基本能表达需求；在个别方面有一定的创新	采用多种表现形式，能引起观众的兴趣；有创新的表达方式和观点，有自己的特色		
团队合作	团队只有少数成员参与宣传片制作，只有几个人有贡献，分工合作开展不顺利	大多数成员参与了宣传片的制作，基本上每个人都有贡献，分工比较合理，能合作完成任务	所有的团队成员都参与了宣传片的制作，每个人都有贡献，分工合理，高效完成了任务		
总分					

预期成果

以小组为单位，制作《酒精的利与弊》宣传片，把制作好的宣传片上传云盘后生成二维码，把二维码打印出来张贴在下面的空白处。

评价反思与改进优化

通过本项目，我们调查了生活中常见的酒精制品，并进行了归类。我们一起设计了实验，探究了酒精的杀菌消毒作用，了解了酒精对人体健康的危害以及它在生活中的作用，学会了辩证地看待酒精的利与弊。你在这个项目中的表现如何？请你对照表8-4对自己学习的情况进行评分，并撰写反思，以便日后改进。

表 8-4

评价内容	评价标准	分值	评分
科学性	主题明确，内容紧密围绕酒精的利与弊展开；能应用探究实验的结果和相关数据作为实施支撑；表述科学、准确，逻辑性强	5分	
美观性	采用多种表现形式，能引起观众的兴趣；有创新的表达方式和观点，有自己的特色	5分	
创新性	选择材料合理，科学规范有创新，具有引领示范作用	5分	
团队合作	所有的团队成员都参与了宣传片的制作，每个人都有贡献，分工合理，高效完成了任务	5分	
总分			

（续）

评价内容	评价标准	分值	评分
优化改进			
我在本项目中学到了			
有些地方做得不好，我的遗憾			
如果重来一次，我想			

项目9 纸上生花——几何学与艺术表达

走进情境，融入角色

中国人发明了纸和折纸艺术，阿拉伯人将折纸运用到了数理世界。如今，不少人通过折纸来让自己身心平静，培养艺术素质和创造力。纸上生花见证着几何空间的奥妙。寻觅自然界中的几何图形，我们可以看到如图9-1所示的玉兰花内的辐射对称的花蕊，还可以看到毛茸茸的蒲公英"圆球"、六边形的蜂巢、魔幻的雪花立方体等。让我们一起了解三浦折叠是如何一折到底、助力卫星设计的吧！让我们一起了解折纸的历史、认识剪纸和刻纸吧！

图 9-1

在此项目中，你需要迎接的挑战是：

学校需要你帮忙设计一个育英礼盒，礼盒里可以包含"火折子"等礼物，同时需要你附上"无字天书"来进行说明。

表现性任务

1 任务类型

科学实践活动。

2 涉及学科

历史，美术，生物学，数学。

3 任务复杂程度

★★★

4 科学素养特色培养

通过科学实践，训练并提升图像识读、美术表现、审美判断、创意实践和文化理解的核心素养，重点训练观察法，培养发散思维、空间与想象思维，增强学生对三维形体与相关位置的空间想象和表达能力以及创造性思维和构型能力。

学习目标

1 科学概念

认识不同的几何图形并赋予其名称。认识平移、旋转等图形转换，了解轴对称的定义。

认识正投影法的基本理论及其应用。

了解花的结构，认识剪纸、折纸等几何学应用于现实世界的艺术表达。

2 思维方法

通过科学实践，训练并提升图像识读、美术表现、审美判断、创意实践和文化理解的核心素养，重点训练观察法、发散思维以及空间与想象思维。

3 探究能力

在科学实践中，培养学生对三维形体与相关位置的空间形象思维能力和表达能力以及创造性思维和构型能力；培养绘制与阅读投影图的能力；培养计算机图形表达能力。

4 态度责任

通过科学实践，认同几何学对艺术作品创作的贡献；增强对传统文化的了解与热爱，用美术的方式、用学科融合的思维来解决各种问题，达到知识扩展和培养创新思维的目的；勇做民族文化的学习者、继承者和传播者。

任务 1 折纸与自然

活动 1：了解折纸和剪纸

敦煌石窟出土的两朵折叠纸花是至今发现的世界上最早的折纸作品，展示了盛唐意蕴。杜甫在《彭衙行》中有诗句：“暖汤濯我足，翦纸招我魂。”在古代，折纸可用于布施亡魂，元宝、方鼎、宝塔、官帽以及纸船等可用于表达哀思。折纸作为中国古老、独特的民间艺术，“千刻不落，万剪不断”，以圆点、月牙、锯齿等纹样构成文脉，以色彩、质地等表达情感。

当然，我们最常见的还是用于传统节日的剪纸：剪窗花、剪纸灯、剪纸钱……有学者认为，剪纸纹样是“求大”，以原始的审美意识进行高度夸张与概括的呈现；也是“求全”，体现阴阳五行的哲学观——纹样造型完整对称、动静相宜；还是“求活”，表达的是一种活泼开放、自由洒脱的精神情感。过年时人们贴窗花是为了祈求避邪消灾：“守门娃娃”纹样可防瘟疫、保安康；室内贴老虎、狮子纹样可用来镇宅；凶神恶煞的门神纹样剪纸可吓走妖魔鬼怪。

表现禽鸟柔软绒毛的锯齿纹以长短、疏密、曲直、刚柔表达丰富的韵律感和节奏感。

表现人物眼嘴的月牙纹可长可短，可宽可窄，可曲可直，能构成各种不同的形象。

中国民间剪纸有1500多年的悠久历史，它们起源于远古图腾或巫术信仰，但展示着那个时代人们对于审美的追求。从纸中，今人可以体会古人的精气神。

有理有据，敢于表达

（1）请你以适当的形式（如时间轴、关键点等）展示折纸的历史，并概括中国折纸的特点。

有理有据，敢于表达

(2) 你还知道哪些类似剪纸或者折纸的纸艺术？它们有何文化寓意？（比如年画等）

活动2：自然界中的折叠

有些东西不必发明，早已存在于自然界中。没有人发明折叠，它早已存在。折叠是一种运动机制，哪里需要将大的物体放进小的空间，哪里就会存在“折叠与展开”。比如，蛋白质是氨基酸的折叠，而大脑皮层是神经元的沟回折叠。

自然界中也到处存在着折叠，昆虫的翅膀、植物的枝叶、花朵的花瓣、山峦的起伏等，无一不带着折叠的自然标记。甲虫的翅膀折叠着藏在小小的甲壳中，在不到1秒的时间内展开成为飞翼。花儿在开放之前，花瓣也是像手风琴那样折叠着躲在花蕾中蓄力。寻常的山脉也因为高低起伏的褶皱，显得雄伟气派。

有理有据，敢于表达

(1) 自然界完美地运用了折叠，这无疑给新兴的仿生学打开了创新的窗口。德国海洋生物学家瓦勒莉亚·贝尔斯发现淡菜壳上不会附着其他生物，是因为壳的表面布满了细小的褶皱。你有哪些仿生学的想法呢？

有理有据，敢于表达

（2）有同学发现穿山甲厚重的盔甲一点儿也没有影响它自如地活动，原因就在于它的盔甲能像皮肤那样折叠起来，有时候还相互重叠，这样身体就能自如地弯曲。你有什么灵感闪现？快写下来吧！

（3）折叠是一种大自然通用的运动机制，体现的是掌控空间的灵活，是含蓄内敛的智慧，是顺势而发的魄力，是一种值得人类敬畏和学习的自然力量。自然界中还有哪些折叠现象？请你走出去，记录下来吧。

活动 3：寻觅自然界中的几何图形

有理有据，敢于表达

自然界中有哪些有趣的几何图形？请你亲自观察，用图画或文字记录下来吧。（可以参考：冰块、晶体、雨滴、花朵、西瓜、鱼鳞、地平线……你还有哪些补充呢？）

任务2 折纸与数学

活动1：认识几何图形

有理有据，敢于表达

通过之前对几何图形和折叠现象的观察，你将如何对它们进行分类呢？除此之外，你是否看到了旋转、对称等图像？请你在表9-1中完成分类吧！

表 9-1

几何图像	自然现象

如何将一张A4纸的面积快速缩减为原来的1/25呢？

活动 2：走近三浦折叠

当我们想把一张A4纸折成小块的时候，常用的是互相垂直的折叠方法。这种折叠法的折痕是“山”还是“谷”是互相独立的。各种可能的折法组合，总数极大！当一大张折好的纸完全展开时，很难让它重新折回到原来的位置。另外，这种互相垂直的折法，折缝往往叠得很厚，因而在张力的作用下，难免造成破损。

最为神奇的折纸方法，大约莫过于“三浦折叠法”。它是由日本宇宙科学研究所的三浦公亮教授发明的。“三浦折叠法”也叫“双层波型可扩展曲面”，它不同于“互相垂直折叠法”的地方在于：纵向折缝微呈锯齿形。

这样，当你打开一张用三浦折叠法折叠的纸时，你会发现，只要抓住对角部分往任何方向一拉伸，纸张便会自动地同时向纵横两个方向打开。如果想折叠这样的纸张，只需随意挤压一方，纸便会回到原状，相当于记住了原样！

用三浦折叠法折叠纸张，整张纸成了一个有机的联结体。它的折缝组合，只有全部展开与全部折返两种，因而不会因为折叠时折缝没有对齐而损坏。

神奇的三浦折叠法能使无生命的纸张具有“记忆”的功能。它在人类征服太空的宏图中，在建造大面积的太阳帆、人造月亮等方面有着重要的应用。

尝试“三浦折叠”

将一张A4纸的面积快速缩减为原来的1/25。

制作步骤：

①沿A4纸短边进行5等分，然后将其折叠成手风琴状；

②沿A4纸长边进行7等分，并画上斜线，沿着斜线折叠成手风琴状，保证每格的边都是平行的；

③将纸展开，沿着短边折痕一前一后的压法重新压好折痕；

这样，一张折叠的三浦折纸就完成了！

活动3：设计包装纸盒

学校需要你帮忙设计一个育英礼盒，你将如何设计富有创意的包装纸盒呢？（可以参考立方体的展开与折叠哦！）如果你觉得富有创意的折叠袋更实用，也可以选择此项任务哦！

任务3 创意表达

活动1：认识现代折纸

从19世纪开始，折纸在西方国家开始成为研究数学和科学的工具，由折纸发现的数学原理发展成为现代几何学的一个重要分支。1989年，第一届“折纸科学、数学、教育国际会议”（The International Meeting on Origami in Science, Mathematics and Education，简称OSME）召开，迄今为止已经举办了6次会议，每一届都会精选与细化主题，深入探究折纸的科学与教育价值。该会议的常设主题是：折纸与数学，折纸科学、工程和技术，折纸与教育，折纸艺术与设计。

现代折纸在一群科学家、艺术家的积极推动和发扬下，在与数学、工程、科学跨域结合发展的道路上越走越深远。

看看网络上其他人的折叠作品如何？请欣赏图9-2，小组之间可以比较各自查找到的优秀作品哦！

图 9-2

活动 2：认识刻纸

刻纸，是剪纸的一种，又称窗花或剪画。它是以刻刀为主要工具来进行创作的一种镂切纸平面造型艺术，如图9-3所示。刻纸时，需要用到不同的刻刀，每次作画前都要把刀磨得极为锋利，无论点刻，还是大力重刻，都需要刀尖垂直于纸面。刻纸顺序一般是从花样的内部到外部，从小到大，从繁到简，一气呵成。

图 9-3

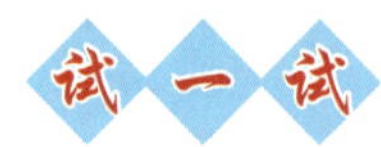

请你借助资料，寻找手边的材料，尝试一下吧！

准备材料：笔刀（以及足量的配套刀片），切割垫板，厚薄适中的纸。

刀尖不许对准自己或他人。一定要注意安全哦！

要求：①选择自己喜欢的图案；②在纸上描图；③用笔刀沿着外轮廓边线雕刻一圈，刀片要保持一定的倾斜度。

活动3："无字天书"小实验

在我们看过的很多影视作品中，地下工作者传递的情报明明就是一张白纸，但只要拿一种液体一擦，上面的字迹就能显现出来，这样既能把信息秘密送出，又不会被发现，真是太神奇了！

这种特殊的方式也叫"隐写术"，意思就是"隐藏"和"书写"，是一种保密通信技术。现在，我们也来进行这种魔法实验吧！

先准备好实验所需的各种材料：牛奶、小苏打、棉签、彩色墨水、蜡烛、打火机、纸巾，还有实验中使用的水和水杯、白纸和搅拌棒。一切准备就绪，实验就可以开始了。

先取出一个实验水杯，倒入10ml清水，放入小半勺小苏打，用搅拌棒搅拌均匀，让小苏打充分溶解。

然后拿出实验用白纸，用棉签蘸上小苏打水，在白纸上写上要写的字，写完字需要把白纸放在通风的地方风干，时间为5～10分钟。

为了使文字能尽快显现，用纸巾蘸上彩色墨水来回涂抹几次，所写文字就会一点点显现出来，太令人兴奋了！

探究实践，获取证据

上面“做一做”中运用的原理又是什么呢？其实非常简单，小苏打水并没有颜色，但用它在白纸上写字，风干后，纸上会留下文字的印迹，再用彩色墨水涂抹，在曾经写过字的地方，小苏打的成分和彩色墨水融合在一起，字迹就会显现出来。经过亲自实践，你会发现“隐写术”也不是很难。你可能会发现显影后的字迹有些淡，那么，是不是换成颜色更深的墨水后字迹会更明显呢？

接下来，我们要进行第二项隐写术挑战了。这个实验与色素显影相比会有一定难度，还要用到火，要格外小心哟。

把牛奶倒入一个新的实验水杯，以同样的方法用棉签蘸牛奶先在白纸上写字。

把用牛奶写好字的白纸放在通风处，让牛奶字迹风干。接下来，再一次见证奇迹！

首先，用打火机把蜡烛点燃。把用牛奶写过字的白纸背面靠近蜡烛去烤，这时，随着火烤的面积不断扩大，字迹一点一点地显现了出来。

用小苏打水写的字直接涂抹彩色墨水就能显现，而用牛奶写的字要用火烤后才能显现，它的科学原理又是什么呢？

由于牛奶的主要成分是蛋白质，蛋白质在60度左右会发生变性，由于用牛奶写了隐性字，受热后写字的地方的牛奶发生变性，字迹就会显现出来。

那么，我们在生活中是不是还有其他方法可以实现隐写术呢？

用米汤写字，再用碘酒涂在纸上后，字迹便会显现出来。淀粉具有遇碘变蓝的特性，这也是一种化学反应。看来，进行隐写术实验的方法还有很多种。

（1）你还查到了哪些方法？

（2）在上面的实验中，写字时用的是棉签，那么，能否把特殊的“墨水”先配置好，吸到钢笔墨囊里，然后再写字，这样写出的字会不会效果更好呢？

活动4：制作再生纸

造纸术是我国古代的四大发明之一。我们每天会使用很多张书写纸，能否以使用过的纸为原料，将其打碎、去色、纤维化，再用纸浆使其结合（如使用胶水）成形，生成新的纸张呢？请你查找资料，尝试一下再创造吧！

预期成果

（1）你是否已经完成了纸质创意作品，如剪纸、折纸、包装纸盒、创意科学画等？将你的作品张贴在下面的空白处。

（2）录好实验视频：“无字天书”、再生纸实验。你用于记录“自然界中的几何”的科学小报效果如何？将制作好的视频及作品图片上传云盘后生成二维码，把二维码打印出来张贴在下面的空白处。

评价反思与改进优化

（1）通过“纸”主题的跨学科实践活动体验，我们认识了剪纸、刻纸等传统技艺。你听说过“火折子”吗？可以尝试制作一下哦！请你对照表9-2对自己学习的情况进行评分，并撰写反思，以便日后改进。

表 9-2

评价内容	评价标准			小组自评	组间评价	教师评价
	较差	良好	优秀			
小组任务	偏离小组活动	认真做好分内工作	主动参与小组活动；认真做好分内工作；积极协助他人			
个人任务	不能完成探究，记录残缺	在他人帮助下完成探究，记录完整	完成自主探究，记录完整			
合作态度	不听从安排，自以为是	听从安排，被动接受	积极交流，主动承担			
小组交流	不参与沟通，无效提问	认真考虑他人的意见	影响他人，促进小组意见一致			
总评						
优化改进						
我在本项目中学到了						

（续）

有些地方做得不好，我的遗憾	
如果重来一次，我想	

（2）你的礼盒设计有哪些结构和功能应用了立体几何呢？请记录并与同伴分享吧！

设计制作科普桌游

走进情境，融入角色

桌游，全称是“桌面游戏”或“桌上游戏”，是一种深受人们欢迎的社交互动类游戏。我校即将迎来科学节，到时将专门开辟“科普桌游区”，可以展示一些棋局游戏、版图游戏、角色扮演游戏、卡牌游戏。有的同学设计了常见疾病及用药的科普游戏，有的同学设计了“模拟星球”多学科融合剧本杀，还有的同学设计了如图 10-1 所示的“猿出没之进击的人类科普桌游”。请你也来选择科普概念，进行工程设计物化，设计一款有趣的桌游，供同学们在游戏中学习科学知识，拓展科学视野。

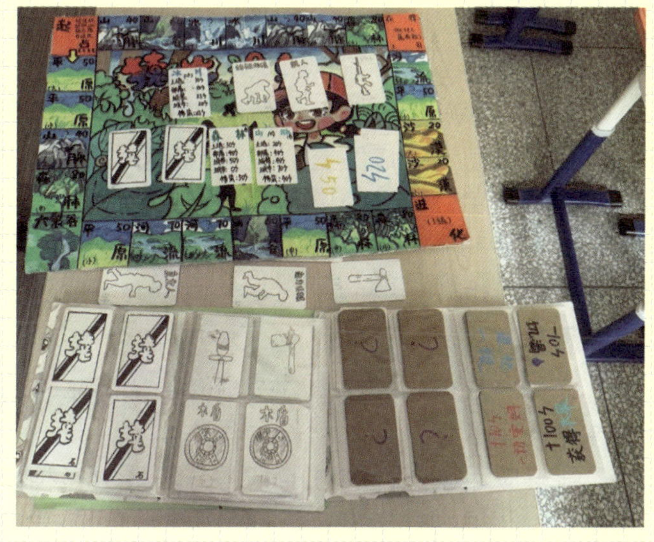

图 10-1

在此项目中，你需要迎接的挑战是：

开发一款包含科学故事情节的桌游，设计好情节、道具和规则。

表现性任务

1 任务类型

桌游设计。

2 涉及学科

科学，语文，美术。

3 任务复杂程度

★★★

4 科学素养特色培养

能基于经验事实或查找调查资料抽象概括出理想的模型，强调规范和流程，发展工程思维，理解工程的现实性、创造性和复杂性，养成严谨的工作态度，增强解决问题的能力。手脑并用，知行合一，创意思考，批判质疑，分工合作，面对挫折，全面成长。

学习目标

1 科学概念

通过对本项目的探索，能够知道工程设计经历明确问题、设计方案、实施计划、检验作品、改进完善、发布成果6个步骤。

基于各学科的核心概念或者物质与能量、结构与功能、系统与模型、稳定与变化等跨学科概念，能够理解角色与环境相适应的特点，掌握科学概念并且能够应用到桌游产品的制作和开发中。

2 思维方法

经历对本项目的探索，运用调查法收集资料，设计故事情节，能够利用发明法在生活中寻找合适的材料制作桌游。

能够应用创造性思维的基本方法提出多种设计方案，模拟分析和预测，运用计算思维和批判性思维，选择最有特色的科普桌游方案并优化设计方案。

3 探究能力

通过对本项目的探究，汇总学生需求，明确科普桌游的功能和限制条件。

提出多种可能的产品设计方案，从中选择最能突出我校特色的方案进行设计和优化。

确定方案后，加工制作初代产品；检验产品，发现存在的问题；针对问题，改进完善；申请展示，产品定型，发布成果。

4 态度责任

运用设计思维，乐于设计多种方案，倾听他人的不同观点，具有质疑、创新的态度，尊重事实，实事求是，敢于表达自己的观点。直面挫折，不抛弃不放弃，乐观向上。

任务 1 了解桌游，确定科普选题

活动 1：认识桌游

知识链接 我国古代就有“桌游”了。汉代《三秦记》中记载：“昭帝母钩弋夫人手拳，而有国色，先帝宠之。世人藏钩，法此也。”这就是“藏钩”。这种传统游戏玩法如下：总人数如果是偶数，可以分为两组，如果是奇数，可以有一人做“飞鸟（可以随意依附其中一组）”。一组成员攥紧双手，伸出拳头，让另一组的成员猜测“钩”到底在哪个人的哪只手中，输了的组会被罚酒。

“三国杀”“狼人杀”“大富翁”“飞行棋”“520化学扑克牌”……如今，我们能看到各种各样有着成熟机制的桌游产品，而不少同学也有过玩桌游的经历。仔细思考，我们会发现，桌游往往包含三个要素：情节、道具、规则。

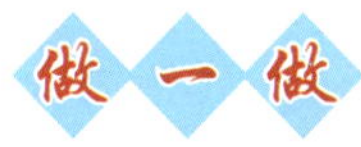

“科普桌游设计”项目往往需要经历“提出问题—构建模型—阐释模型—应用模型”的学习模式。请你们从身边的科学现象出发，或者结合某个主题的科学知识，设计故事背景，将日常经验、零散事实与抽象术语联系在一起，通过桌游形式普及科学知识。你们可以通过小组合作的形式探究如何设计并制作科普桌游，比一比，看看哪一组的逻辑、推理、建模、交流和合作能力最强！

设计并制作一款科普桌游前，你们需要分组，每个小组包括哪些成员，各自的职责分别是什么？请在表10-1中记录下来吧！

表 10-1

组名	A组长	B设计师	C测试员	D材料员	E制作师

职责要点：

组长：统筹规划、定进度、组织协调。

设计师：查资料，列规则，确保科学性。

测试员：试玩、制作宣传海报。

材料员：下载图片、打印剪裁、准备背景板。

制作师：确保桌游结构完整且具有美观性、互动性、趣味性。

请你调查一下市场上有哪些科普桌游，选取你最喜欢的一种，介绍给同组同学，并尝试借鉴到你们小组的桌游设计中吧！

科普桌游名称：

情节：

道具：

规则：

推荐理由：

活动 2：设计与优化方案

有理有据，敢于表达

（1）你们的桌游有哪些限制条件？应该达到什么样的标准？

有理有据，敢于表达

（2）尝试对比你和其他组员的方案，模拟分析和预测一下哪款科普桌游会更受欢迎？

（3）你们最终决定选择哪些材料？请务必将材料准备齐全哦！

任务 2 开发与制作

活动 1：桌游产品物化

请以“我们构思了________________________的情节，开发设计了相关纸牌作为道具，包括______张________________牌和____________________。同时，我们制订了如下桌游通关规则：______________________________”这段文字介绍你们的桌游，吸引其他组更多的测试员来试玩你们的游戏！

探究实践，获取证据

图10-2所示是其他小组同学制作的棋盘，也有一些小组制作了功能卡片。拭

目以待你们的作品，快来一起制作你们小组的科普特色桌游吧！

在确保桌游结构完整且具有美观性、互动性、趣味性的同时，同学们也要注意工具的安全使用哦！

图 10-2

活动 2：检验作品，改进完善

组长请就位，请各小组以包含情节、道具、规则的段落介绍你们的桌游吧。

有理有据，敢于表达

我们构思了__________________________________的情节，开发设计了相关纸牌作为道具，包括______张____________牌和________________________。同时，我们制订了如下桌游通关规则：____________________________________。

评一评

独具特色的介绍会吸引其他小组更多的测试员来试玩你们的产品哦！测试员拥有赋分权，他们会参考表10-2进行满分为10分的赋值，此次的过程性评分将与下次的终结性评分一起构成小组的最后得分。

表 10-2

总分	知识性（2分）	美观性（2分）	逻辑自洽（2分）	可重复性（2分）	趣味性（2分）

探究实践，获取证据

试玩10分钟。请清晰地告诉测试员你们小组设计的桌游面向的人群、时长、特色玩法。

活动 3：发布成果

有理有据，敢于表达

进入成果展评阶段了！各小组将进行桌游成品的展示以及设计理念的讲解。请各小组有序组织展示和评价交流，你们可以参考表10-3的要求准备展示的海报和桌游实物哦。

判断一下，目前自己是新手，还是可以胜任，或者已经到达专家级别了？宣传展示后，需要接受教师以及同学的问询和点评。每项评价内容，同学评价和教师评价各占该项一半分值。

表 10-3

评价维度	评价内容	评价标准			同学评价	教师评价
		新手级	胜任级	专家级		
桌游内容（60分）	科学性（30分）	专业术语较少（1～10分）	涉及科普专业术语较多（11～20分）	科普专业术语较多，且有科学的、明确的阐述（21～30分）		
	趣味性（15分）	不太有趣（1～5分）	比较有趣（6～10分）	引人入胜（11～15分）		
	美观性（15分）	内容版式一般，图文模糊（1～5分）	内容版式较美观，图文清晰（6～10分）	内容版式精美，图文清晰（11～15分）		
桌游可推广性（20分）	海报的宣传形式（5分）	宣传内容相对刻板（1～2分）	宣传内容比较有特色（3～4分）	宣传形式有特色，图文结合（5分）		
	内在逻辑自洽（10分）	内容逻辑混乱，各部分没有逻辑衔接与递进，仅相互独立地堆放在一起（1～4分）	内容之间存在衔接与递进，但也存在逻辑混乱的问题（5～7分）	内容层层递进，环环相扣，由浅入深，符合学习认知的逻辑（8～10分）		
	可重复使用（5分）	卡片硬度不佳，不能重复使用（1～2分）	卡片硬度适中，可以使用十次（3～4分）	卡片精美，可以使用百次（5分）		
桌游展示与宣传（20分）	语言表述的严谨性与准确性（15分）	语言表述不太严谨，出现大量的科学性错误，仍需梳理与提升（1～5分）	语言表述比较严谨，具有一定的科普性，但是存在极少的科学性错误（6～10分）	语言表述科学严谨，对于核心概念与易混的科普性知识描述准确（11～15分）		
	突出产品的特征（5分）	对所有内容加以罗列和说明，没有重点，特色不鲜明（1～2分）	较详细地说出重点亮点，但阐述不够明确（3～4分）	阐述特色部分，详略得当，重点突出（5分）		
总分						

预期成果

你是否已经完成科普桌游的制作？请展示分享、相互交流吧！

你可以将小组作品的照片张贴在下面的空白处。

评价反思与改进优化

通过本项目实践活动，我们完成了科普桌游的制作。在检验作品阶段，或许大多数小组会发现实际作品与最初的设计有出入，尤其是科普性需要加强，还需要继续调查及改进。请你对照表10-4，对自己学习的情况在对应的自评结果中打钩（√），并撰写反思，以便日后改进。

通过填写这样的表格，你可以更直观地了解自己在科普桌游制作课程中的学习情况，为接下来的学习和进步制订更合适的计划。

表 10-4

评价内容	评价标准	自评结果
学习态度与参与度	非常积极，认真思考并积极参与	
	有一定的兴趣，但缺乏深入的思考	
	较为消极，缺乏参与和投入	

（续）

评价内容	评价标准	自评结果
方法知识掌握	熟悉工程设计方法和流程	
	有一定的了解，但需要加深记忆	
	掌握得不够扎实，需要加强学习	
实践操作能力	能够独立完成制作过程，熟练掌握步骤	
	基本能按要求操作，需要提高熟练度	
	遇到较多困难，需要加强实践	
团队协作与沟通	积极参与，合作愉快	
	能完成任务，沟通协作待提高	
	表现不佳，缺乏沟通和协作	
创新与思考	能提出新想法和改进意见	
	能按要求完成，但缺乏独立思考	
	只是机械操作，缺乏思考和创新	
优化改进		
我在本项目中学到了		
有些地方做得不好，我的遗憾		
如果重来一次，我想		